教育のあり方を問い直す

学校教育と社会教育

福島裕敏・松本大・森本洋介 編著

東信堂

まえがき

本書は、今から八年前に刊行された『学校・教員と地域社会』の続編ともいうべきものである。前書では、「教員」と「地域社会」との二つのテーマを掲げ、「教師受難の時代」において、日本の教員を取り巻く環境を改善し、教育改革を前進させていくためには何が必要かを問うとともに、地域社会との関連性の中で教育というものをどう捉えるのかを考察することにあった。これに対して、本書のテーマは、そのタイトルの通り、「教育のあり方」そのものを問うことにある。単なるテーマの拡散の表れと思われる読者もいるかもしれないが、決してそうではない。

近年、世間では「二〇二〇年教育改革」が注目を集めている。それは、学習指導要領の改訂、大学入学共通テストの実施、英語教育の改善・充実を柱とするもので、戦後最大の教育改革ともいわれている。これらに共通しているのは、「知識基盤社会」という社会認識にもとづく、「これからの時代に求められる資質・能力」の育成といえ、それは幼児教育・初等中等教育のみならず、高等教育、社会教育、生涯学習など教育全般にわたる改革の基調をなしている。二〇一六年一二月に出された中央教育審議会答申「幼稚園、小学校、中学校、高等学校及び特別支援学校の学習指導要領等の改善及び必要な方策等について」によれば、「知識基盤社会」とは、「新しい知識・情報・技術が、社会のあらゆる領域での活動の基盤として飛躍的に重要性を増していく」（九頁）社会であり、近年では人工知能の急速な進化などにより、「知識・情報・技術をめぐる変化の早さが加速度的となり、情報化やグローバル化といった社会的変化が、人間の予測を超えて進展するようになってきている」（同上）とされる。こうした社会の変化が激しい「予測困難な時代に、一人一人が未来の創り手となる」（同上）ために必要な力が「生きる力」であり、「特定の既存組織のこれまでの在り方を前提としてどのように生きるかだけではなく、様々な情報や出来事を受け止め、主体的に判断しながら、自分を社会の中でどのように位置付け、社会をどう描くかを考え、他者と一緒に生き、課題を解決していくための力」（同上　一一頁）とされる。この「生きる力」は、そもそも一九九六年に提起され、二〇〇六年の改正教育基本法とそれに続く学校教育法の一部改正を通じて教育の基本理念としてその育成が謳われてきたものである。同答申においては「生きる力」の内実が明確化され、「何ができるようになるのか」という観点から、①「何を理解しているか、何ができるか（生きて働く「知識・技能」の習得）」②「理解していること・できることをどう使うか（未知の状況にも対応できる「思考力・判断力・表現力等」の育成）」③「どのように社会・世界と関わり、よりよい人生を送るか（学びを人生や社会に生かそうとする「学びに向かう力・人間性等」の涵養）」の三つの資質・能力として整理されている。こうした流れは、初等中等教育段階のみならず、高等教育段階においてもみられ、実際、「卒業認定・学位授与の方針（ディプロマ・ポリシー）」「教育課程編成・実施の方針（カリキュラム・ポリシー）」「入学者受入れの方針（アドミッション・ポリシー）」の策定・運用に際して、各大学（院）は自らが求める「資質・能力」を明確にすることが求められている。このように「資質・能力」は、小学校から大学・大学院までを貫く目標として位置づいている。また、上述のとおり、「資質・能力」把握においては、「何が知っているか」のみならず

「何ができるようになるか」といった現代的な諸課題に対応する「課題解決力」が強調されている。そうした社会・経済の変化に伴うグローバル／ローカルなレベルにおける諸課題の解決する力をもった「人材」の育成は、初等中等教育のみならず、例えば二〇一六年五月の「個人の能力と可能性を開花させ、全員参加による課題解決社会の実現するための教育の多様化と質保証の在り方」や二〇一八年一二月の「人口減少時代の新しい地域づくりに向けた社会教育の振興方針」といった高等教育・生涯学習や社会教育に関する中央教育審議会答申においても強調されているところでもある。

「これからの時代に求められる資質・能力」とその実現に向けた教育内容・方法・評価のあり方をめぐる議論が活発になされる一方で、「何のための教育なのか」、あるいは「教育を通じていかなる人間と社会を育んでいくのか」といった、いわば教育の目的をめぐる議論は後景に退いているように思われる。もちろん、二〇一六年一二月の中央教育審議会答申においては、教育基本法の第一条と第二条とにそれぞれ記載されている教育の目的・目標にもとづき、二〇三〇年とその先の社会のあり方を見据えた子どもたちに育てたい姿を提示している他、ＯＥＣＤのEducation2030や国連の持続可能な開発のための教育などにも言及しているものの、例えば「人格の完成」「平和で民主的な国家及び社会の形成者」との関連は明確にされておらず、「変化の激しい時代を生きる力」が繰り返されるのみである。こうした答申における教育目的の空虚さは、知識基盤社会という社会認識そのものに起因しているようにも思われる。というのも、上述した「知識・情報・技術が、社会のあらゆる領域での活動基盤として飛躍的に重要性を増」し「社会の変化は加速度を増し、複雑で予測困難」な社会と捉える立場からすれば、そうした社会変化にその都度対応していく力を育成することが教育の目的となるからである。しかしながら、二〇一六年五月に出された高等教育と生涯学習に関する中央教育審議会答申「個人の能力と可能性を開花させ、全員参加による課題解決社会を実現するための教育の多様化と質保証の在り方について」では、「近年、急速に進むグローバル化や高度情報化は、国際競争の激化をもたらしつつ、我が国の経済社会の構造を大きく変えている。また、人工知能をはじめとするイノベーションの進展により、今後、産業構造も大きく変容すると言われている。国内の動向に目を向ければ、高齢化を伴って人口が減少したり、雇用形態の変化や貧困の連鎖等により経済的格差が拡大したりするなど、様々な課題が進行している」とし、「誰もが社会に出た後も、時代の変化に応じて新たな知識・技能を身に付けることができる『学び続ける』社会を実現していくことが重要である」（一頁）とされている。そこでは、知識とその生産者・所有者をめぐるグローバル競争を生き抜く人材の育成と、そうしたグローバル競争がもたらす格差をはじめとする様々な社会問題を解決し生き抜く人材の育成とが謳われている。上述したように「資質・能力」は、教育全般を貫くものであることからすれば、初等中等教育において育成される「資質・能力」も、こうした目的に資するものとして理解できよう。そこでは、市場と国家とが直面している課題に対応していくための「資質・能力」の育成が教育の目的とされ、「何ができるようになるのか」という観点から個々の学習者と教育をおこなう人々・組織のパフォーマンス（職務遂行性）とが評価され、その効果性・効率性の向上に向けたＰＤＣＡサイクルにもとづく改善を招くことにもなりかねない。また個々人はそれぞれが保有する「知識」に応じて価値づけられ、それに基づく地位や報酬の配分がなされることになるとともに、「知識」と「知者」との分離が一層進み、前者の道具性が強調され、「知識」とその伝達／獲得過程を通じた自分の内面の再構築、それにもとづく他者や世界との関係の再構築といった、一人ひとりが自己と向き合い、他者とともに社会をどのようによりよく生きるのかに関わる「人格の形成」という問題は後景に退くことが懸念される。そこでは前者の道具性が強調され、両者の往還にもとづく前者が果たす後者の内面形成と他者・環境に対する批判的関わり、すなわち「知識」とその伝達・獲得過程を通じた主体形成、他者との関係形成、さらには社会形成へと向かう可能性が阻まれることにもなりかねない。もちろん、上述の通り、二〇一六年一二月の中央教育審議会答申では、「人格の完成」「平和的で民主的な国家及び社会の形成者」「持続可能な社会な開発のための教育」などにも言及しており、「これからの時代に求められる資質・能力」は一枚岩ではなく、今述べた懸念も杞憂に終わるかもしれないが、その趨勢を座視してはいられないことは間違いない。そのためにも、あらためて研究的視点にもとづき「教育のあり方を問い直す」ことが求められていると考える。

さて、本書は弘前大学に所属する、あるいはかつて所属していた研究者によるものである。目次をご覧いただければ分かるように、執筆者の専門分野は、教育学、教育思想、教育行政、社会教育、教育課程、教師教育など多岐にわたっている。しかしながら、それぞれの執筆者が、各人の専門分野とその問題関心にもとづきながらも、「教育のあり方を問い直し」、これからの教育を研究的・実践的に展望する視座を提起している。

大坪論文「教員養成における教育学」は、教師になるために学ぶという実践的な教育学の学びにおいて必要とされる学習の構造を整理している。そのなかで、社会科学をベースとした人間と社会とについての深い理解にもとづき「何のために教えるのか」を理解すること、またそれをもとに子どもの自己変革（ミクロな相）と他者に影響を与え社会的条件そのものの変革へと向かう人間変革（マクロな相）とを目指す「教育実践」について学ぶこと、さらに教師自身が、教育主体としての党派性を意識し、子どものみならず、職場や地域やひいては社会をどうするかという人間変革の活動を展開していけるかが教師の成長の問題になることを論じている。この大坪論文は、教育そして教師のあり方をその社会性把握をもとに問い直すものといえ、本書全体テーマを根源的かつ包括的に論じたものといえる。

遠藤論文「ルドルフ・シュタイナーの教育刷新思想と自由ヴァルドルフ学校の創設」は、シュタイナーの初期思想である「人間の自由への発達」を根底とする教育刷新思想を明らかにするとともに、一九一九年九月の自由ヴァルドルフ学校の創設が、社会三層化運動の中で、その思想を具現化するものであったことを明らかにしている。そこでは、シュタイナーが、その初期思想において、人間そのものをどのような存在として捉え、またそれにもとづき教育の目的をいかなるものとして考えていたのか、またそうした教育を担う教師にはいかなる資質が求められ、国家の役割はいかなるものであるべきとしていたのかについて論じている。また後期の社会・学校改革運動において、全体社会において教育を含む精神・文化領域がいかなる意味でその固有性と自律性を有するのか、学校のカリキュラムと組織はいかなる原則にもとづくべきなのかについて考察している。今を生きる我々にとって時間も空間も異にする中で生まれたシュタイナーの思想・運動ではあるが、あらためて教育・学校とは何かをより広い社会的・思想的視野から考える上での視座を与えてくれるものである。

平田論文「カナダにおける教育の『州自治』・地方自治と政治的中立性」では、カナダにおける教育行政のあり様を、州政府と教育委員会の権限義務関係に焦点をあて、「教育の地方自治」と「教育の政治的中立性」とに関する法令規定や学説のレビューをもとに論点整理をおこない、その分析の視点を提起している。「教育の地方自治」に関しては、州全体の教育行政を統括する教育相の州内各地域における教育委員会に対する優越性が強化される傾向にある反面、公選制を通じて地域のニーズが直接的に反映された教育委員会の権限を拡張すべきという説にも一定の説明力があることを、また「教育の政治的中立性」については「専門職支配と素人支配の緊張関係」「教育委員会は『州政府の代理人か』『地域の代弁者か』」「同じ教育委員会管轄区域内の異なる選挙区間での利害の衝突」という三点からの検討が必要であり、かつ教育をめぐる政策決定がもつ政治性を教育行政職員の専門性と教育相や教育委員が代弁する民意とのバランスから分析していく必要があることを、それぞれ明らかにしている。あらためて民主主義社会における教育政策決定プロセスを、その政治性を視野に入れつつ、具体的事例に即して、そのあり方を問い直す上で重要な分析の視点を提起している。

深作論文「地域の社会教育生涯学習を推進する大学開放について」は、これからの「地域基盤社会」における高等教育機関の在り方を、大学開放という視点から政策動向を追いつつその今日的役割を明らかにするとともに、弘前大学生涯学習教育研究センターを事例として、地域と大学との連携・協働にもとづく地域の学習ニーズや地域課題に即した具体的取り組みとその意義について論じている。特に大学生による大学公開講座という学生教育を意識した地域社会との協働を目指した実践に地方国立大学の生涯学習教育研究センターの新たな使命を見出し、その実践的探究の必要性を主張している。加えて、地域の「再生・再構築」のための主体形成において、「知（地）の拠点」として大学が果たす役割、また学生の主体形成における地域がもつ教育的価値を問い直し、教育・学習環境の醸成の重要性を示唆している。

松本論文「あるＮＰＯ実践者の『生』と学び」においては、ＮＰＯ実践者であるＡさんのライフコースに焦点をあて、「生きることそのもの」としての学びを具体的に分析している。その際、人生全体・生活全体から分析し、また実践コミュニティをめぐる重層性や権力関係を視野に入れ、さらに主観的現実を内在的に検討しつつ社会や文化について考察するという独自の視点をもとに、障害やＮＰＯをめぐる日常的な権力関係に抵抗しようとするときの「学び」の意味と過程のダイナミズムを描き出している。ここで明らかにされた成人の学習それ自体がもつ力・意味は、とかく「学力」「雇用可能性」ばかり強調され、「人格」あるいは「人間としての生き方」との関わりが捨象されがちな今日の教育のあり方を問い直す上で重要と考える。

森本論文「日本の学校教育におけるメディア・リテラシー教育の重要性」は、二〇一七年に告示された学習指導要領において初めて明記された「カリキュラム・マネジメント」に注目し、その歴史と理念について確認するとともに、教師や学校が自力で授業を編成することの重要性を再発見するために、日本のメディア・リテラシー教育を概観し、その実践事例を批判的に検討している。それらを通じて、メディア・リテラシー教育の定着には研究的視点にもとづく学際的取り組みや記録・報告が必要であることを指摘するとともに、メディア・リテラシー教育のような、汎用的な能力を育てかつ教科書にないカリキュラムに積極的に取り組むことにより、現職教師や教員養成段階の学生にカリキュラムマネジメントの力を獲得することが可能になることへの期待を述べている。森本論文は、学習指導要領と学力テスト・受験体制のもとで疎外されてきた教師の教育主体性と子どもの学習主体性とをどのように回復するのか、また「教育内容を誰がどのように決めるのか」という問題をあらためて問い直す視点を提供している。

福島論文「現代教師教育改革と《教員養成学》」では、教師教育改革と国立教員養成大学・学部改革とに関する政策文書の批判的検討を通じてその動向を明らかにした上で、弘前大学教育学部における《教員養成学》の今後の方向性について論じている。そこでは、効果主義的専門職性に向けた教師教育の再編と専門職大学化に向けた国立教員養成大学・学部の再編へと向かう文脈において、「学問の自由」にもとづき研究・教育をおこなう「大学」が教員養成において果たす役割をあらためて確認することの必要性が主張されている。福島論文は、教育の担い手である教師、そして教員養成のあり方が教育政策側からも問い直される中で、その再編動向をより広い社会的視野から理解し・問い直し、それとは異なるよりよい教育・教師・教員養成のあり方を見出そうとしている。

本書は、前書と異なり、部構成をとっていないが、あえて目次にしたがってその構成を示すとすれば、大坪論文は教育そのもののあり方を、続く遠藤論文・平田論文は教育経営のあり方を、松本論文・深作論文は社会教育・成人教育のあり方を、森本論文・福島論文は学校教育あるいは教師教育のカリキュラムのあり方を、それぞれ問い直すものといえる。もちろん、読者におかれては、それぞれの関心にもとづき、どの章からでも読み進めていただければと思っている。もし、すべての論文をお読みいただき、教育のあり方を問い直す一助としていただければ、編者としてはこの上ない喜びである。

戦後民主主義教育を牽引してきた研究者である大田堯氏が二〇一八年一二月に百歳で逝去した。彼が遺した言葉に「生きることは学ぶこと」「学習権は生存権の一部」「知る権利は人間が自分の頭で考える権利」などがあるが、知識基盤社会を「生きる力」の育成が叫ばれる中で、あらためてこれらの言葉の意味を考える必要があるだろう。国内における特定秘密保護法の成立や安保改正法案、加計学園問題・厚労省不正統計問題・金融庁年金試算問題、さらには憲法改正への動きの強まり、国外におけるアメリカにおけるトランプ政権の誕生、イギリスの欧州離脱など、民主主義の危機が叫ばれる時代において、「人格の完成」「国家及び社会の形成者」に向けた「学習権＝文化的生存権」とそれを保障する教育のあり方を考えていかなければならないと思っている。

二〇一九年六月

弘前大学教育学部教育学科教室
編著者一同
福島裕敏
松本　大
森本洋介

目次／教育のあり方を問い直す――学校教育と社会教育

第2章　ルドルフ・シュタイナーの教育刷新思想と自由ヴァルドルフ学校の創設

第3章　カナダにおける教育の「州自治」・地方自治と政治的中立性

平田　淳

第4章　地域の社会教育生涯学習を推進する大学開放について
弘前大学生涯学習教育研究センターを例に

深作　拓郎　83

第5章　ある NPO 実践者の「生」と学び
障害と NPO をめぐる権力関係に抗して生きること

第6章　日本の学校教育におけるメディア・リテラシー教育の重要性
カリキュラムマネジメントの視点を交えて

森本　洋介

第7章　現代教師教育改革と《教員養成学》

福島 裕敏　172

教育のあり方を問い直す——学校教育と社会教育

第1章　教員養成における教育学

大坪　正一

はじめに

―教師になりたいという目的を持って学ぼうとしている学生に対しては、「最初から教育を教えてはいけない」と語っていたのが大学院時代の私の指導教官であった。私の育った研究室は当時、教育社会学・社会教育学講座という名で、教員は全て社会学者であり、教育学などというものは結局「当為の学問」であって、社会学に比べて一段低いレベルのものとして理解されていた。教育研究をしたとしても、教育がいかに社会とつながっているか、教育に対する「社会的なもの」の意義を主張する実証的研究が主であった。村落構造や産業構造を克明に実証する研究を繰り広げた後に、「以上のような地域構造はこれからの教育を考えるうえにおいて重要である。」と最後の数行で締めくくるといった手法は、「産業（三行?）教育学」と揶揄されるものが多かった。

「研究第一主義」の校風を持つ大学で、社会学者に囲まれたなかで研究をしてきた私にとって、どのような教育がよい教育なのかといったようなものは研究の対象にはならず、教育を形作る外側の構造を問題にし続けていたと思える。社会を基本とする研究とは、学校を作ったから子どもという概念ができたと説明するようなもの（デュルケーム）であったので、子どもではなくて大人の教育こそが基礎であるとする、社会教育から見た教育学が導かれるのは当然の流れであった。教員養成学部に就職して、「教育原理」などの科目を教えることになったとき、果たしてこのような内容で教育学を教えることができるのかどうかといった不安は多少存在した。教員養成では、教え方とか子ども理解の仕方とかが求められているのであって、「教育を教えてはいけない」という確固たる信念はなかったというのが事実である。

教員免許法上の教員養成カリキュラムでは、どこの大学においても、教職専門科目、教科専門科目、教科教育科目の三種類が設定されている。それぞれ、「何のために教えるのか」「何を教えるのか」「どう教えるのか」という内容に関連している。本来の順番はこの流れだと思えるが、実際は教育実習の学年配備や、教科の専門教育の流れもあって、この順に沿ったカリキュラムは組めないのが実態である。一年次から観察実習が始まり、「どう教えるのか」が最初になっている場合もあるし、アクティブ・ラーニングという実践的手法が推奨されてくると、机上で学ぶよりも子どもと接しながら体験的に学ぶやり方の方が、大学での学びであると感じられている場合も多い。そして、「一人前の教師とはこのような姿である」ことを理解させようとする教員養成の教育学では、即戦力になるための「教育技術」が前面に出て、「何のために」は後回しになりがちになる傾向がある。

教職の専門を学ぶ科目において「何のために」が課題となっているのは、教育の意義や目的というものが、個人の問題ばかりではなく社会とつながっているからである。学校という限られた空間からではなくて、社会から教育を見ようとするならば、教師のあり方も違った視点で把握されることになる。教師と子どもは「教える―教えられる」という上下の関係ではなくて、共通の立場を認め合うことが可能になるということである。ちょうど男女差別の問題のように、お互いを敵対化させることによって利益を得ている本当の敵を見いだすことが大事になっているからである。これは、押しつけられた義務教育ではなくて、自主的な学び＝自己教育活動を核とした社会教育の現場においては、ごく当り前に考慮されている内容である。強制的な学び（抑圧のための学び＝ジェルピ）ではなくて、時間やお金の問題があっても多少は無理してでも学ぶという社会教育の姿にこそ、本来の学び（解放のための学び＝同）や教育のあり方が存在しているといえる。社会教育をもとに考えていった教育学の方が、教師としてのあり方を理解しやすいのではないかとする証左の一つである。

次に、教員養成学部の学生が「何のために教えるのか」を学ぶことは、「自分は何のために教育を学ぶのか」という課題とつながっている。「学ぶ」ことについては、生涯学習の理念が説明しているように、自分自身の自己実現のためであると抽象的に理解されることもあるのだが、学問は抽象的な目標では続かない。教師になるためという個人的な理由だけでは、そこからの学問的追究は深まっていくとも考えられない。深められるべきなのは、ではどのような教師になりたいのかということであり、自分の目標とする教師像はなぜ正しいのかを追求することである。

どのような教師が求められるかは、「教える」という職業のあり方を通してでなければ、具体的に検討することは困難であろう。その意味で、「何のために教えるのか」を最初に取り上げることは大事である。「学ぶ」は自分のためであったとしても、「教える」はやはり「世のため・人のため」であるからだ。どんな世＝未来を作るために、どんな人に教えるのかということを学ぶためには、自分を取り巻く社会を理解することが必要になり、自分のための学びから他人や社会へと問題を広げて考えざるをえないからである。そしてそのことが基礎となって、「何を教えるのか」「どう教えるか」が理解されることになると考える。

本書は、教育学を理論的に学ぶというよりも、教師になるために学ぶという実践的な教育学の学びについて、必要とされる学習の構造を整理することを目的とする。特に、「何のために教えるのか」を学ぶためには、教育そのものよりも人間についての理解や社会についての理解という、社会科学をベースとした教育学の学び方が必要で、それらをもとに、教育実践についての学びという、教師になるための実践的な学び＝教育を学ぶことへと展開できることを示す。それはまた、教師となるための学びの発展過程を通して、人間発達の究極の姿というものは、学習主体が教育主体へと発達することであるという、一つの変革主体形成論（大坪、一九九一）の主張をすることでもある。

1　人間について学ぶこと

(1)　問題意識をつくること

大学での教育は社会教育の分野である。入学できる基礎学力を持ったものが、自らの意志で自己教育活動を展開するといった教育活動である。そういう学びができていないようだったら、問題意識を持った、あるいは問題意識を作り出すような学びへと転換が図られなければならない。多くの場合問題意識とは、自分のこれまで生きてきた生活の中で培われていくものであって、マニュアル式のような受験勉強ではなかなか訓練されなかった部分である。

しかし、教員養成学部に入学してきた学生においては、「知識断片丸暗記・得点期待型受験生症候群」（安斎、一九九〇）といわれるような、「わからなくてもできてしまう学生」が多く、様々なものに関心を持って学ぶという姿勢が弱い（大坪、一九九四）。汐見稔幸はこれを「学びの疎外」と呼び、現代の学校教育が持っている問題点を指摘する。それは、学ぶ内容を決めるのが生徒ではなく教える側であること（なぜそれを学ぶかを考えることなく学ばされる）、国による統制や受験の実態による統制を受けていること（生活上の必要とは関わらない知識を詰め込まれる）、どう考えたらよいのかまだわからないものは教えない（時代の変化に教えられる内容がついて行けない）という傾向である。このような学びのなかで育ってきた学生は、大学に入るまで本来の学びが十分できなかったわけであるから、社会教育において、それらを取り戻す、あるいは体験し直す学習が必要であると指摘している（汐見、一九九二）。

教育の勉強とは、例えば自分が大学で勉強できるためには蹴落としてきた何人かの人々がいるとか、減少しているとはいえ大学には国民が苦労して納めた税金が使われているとか、自分もそのなかに入っている現代社会の教育諸関係を学ぶということでもある。自分自身も関わっていることに対する疑問、問題点を解決するように学ぶということであり、決して「人ごと」ではない。以上のことは、抽象的な思考ではなくて、自分が直面している現実のなかから考えることができるのである。学生全体に関わるような近年の例でいえば、東北地方だけではなくて全国に衝撃を与え、現在も困難のまっただなかにある東日本大震災（二〇一一年）のことがあげられよう。そこから導かれた教訓として、教育はいい人間を作るなどという抽象的なことではなくて、こうした有事においての生きる力が問われたことである。体力、判断力、規律、負けない力、二度とこのような不幸を許さない力、そして困難から学ぶ力などである。今まで学校で学んだ抽象的な（地域に根ざさない）勉強がどれだけ役に立ったかが、体験者でなくとも問われたのである。

また、もっと直接学生が感じているのは、自分たちの置かれている貧困問題であろう。現代学生の圧倒的多数は、アルバイトに追われる「勤労学生」である。「人生の夏休み」を謳歌している学生の姿ではない。二〇一二年の統計で相対的貧困率が一六・一％、子どもの貧困率一六・三％、学生の二・六人に一人（一四〇万人）が奨学金を借りており、その平均は卒業までに三〇〇万円で、五〇〇万円以上が八・七%もいるという。それに輪をかけて高い学費に苦しめられ、おちおち留年もできない。結局学生生活を続けるためにも、奨学金返済のためにも、ブラックバイトに引っかからざるを得ないという実態が見えてきている（浅井他、二〇一六）。世界の先進国を見ても、高学費低補助は日本、韓国、チリだけであり、いかに貧困ななかでの学びになっているかはまさに自分の問題である。学生が誰のために何のために教育を学ぶのかという問題意識をつくるうえでは、わかりやすい条件が生み出されているといってよいだろう。

つまり、現実の人間と社会の深い理解を通して、あるいは自分との関連を問いながら、自分なりの問題意識が形成されていくといってよいだろう。そして、人間と社会の理解に関しては、教員養成の場合は人間についての学びを先にした方がわかりやすいと考えられる。教育学は人間の成長や発達という側面を中心に研究されている分野であり、教え方を検討する際においても、教える相手方の理解は不可欠であるからである。人間は一人一人違う、人間は変わることができる、このような人間についての客観的な事実をまず理解することによって、教育のあり方を考えることができるといえよう（大田、二〇一一）。人間を人間以上のものにすることはできないが（人間以下にすることはできる）、人間を人間らしくすること、せっかく持って生まれた人間としての能力を全部発揮できるようにすること、これらを教育の目的と考えることはできるし、それ以上のことはできないかもしれないということである。人間とは何か、人間らしい発達とは何か、人間らしく生きるとはどういうことかを学ぶことから、それぞれに教育はどう関わっているのか、いい教育とは何かを自分が考えるヒントを見いだすこともできると考える。

なお、社会を相手にする教育というのも対象としては考えられるが、これは後で述べるように、人格の発達におけるミクロの相（人間個人の発達＝解放）とマクロの相（人民大衆の発達＝解放）との関係（矢川、一九七六）である。

教育学ではこれらの統一的理論が求められるのだが、教育とは子どもの教育のことだと考えている学生が圧倒的であるので、教育を学ぶうえでの問題意識を作り出すための順番としては、ミクロの相から学んだ方が理解を導きやすいと考える。

(2) 動物、ロボット、神様と人間の違いを理解する

およそ学問とは自然科学と社会科学に分けられて理解されるが、天体や岩石、動植物、エネルギーなど人間以外のものを相手にする自然科学に対して、人間について理解しようとするのが社会科学である。人間がやっていることとやってきたこと、人間の本性やその未来などについて研究することは、教育学ばかりでなく歴史学、経済学、社会学、政治学……などかなり広い領域の学問で検討されているわけで、そう簡単に人間とは何かが完全に理解できるとは思えない。そこで、人間に似ているのだが人間とは違うものとの比較、検討を通じて、理解を深めることができると考える。人間はほかの動物とどこが違うか、ロボットとはどう違うか、神様とはどう違うのかである。

歴史上において、人間らしさというものが検討の対象となったのはルネサンス期以降である。十字軍遠征や東方との交流を通じて、神様中心の文化から人間くさい文化が見直されたのであった。寛容とユーモアの精神や批判的精神、個性の尊重、平和を愛することなどである。神様の世界ではなくて、人間らしさを追求しそれを実現するとなかなかいい社会ができそうだという、人間がつくり出す人間的な社会のすばらしさ（逆に言うと人間的でない社会のひどさ）に対する認識を深めていったのである。

地球上を支配した人間については、まず他の動物に対して「優れている」という側面が強調された。理性、社会性、言語や道具の使用など、他の動物を凌駕する面をとらえて人間の本質としてきた。しかし、生物学の研究が進

んできた現代においては、そのような特徴は驚くほどの差異ではないということが示されつつある。そういう方法ではなく、上記にある人間の優れた特徴は、初めから持って生まれるのではなく、出生後に獲得されるものということから、人間の本質が検討されてきたのである。まさに、人間の特徴は人間発達の特徴であるという、教育学の領域が重要な位置を占める人間理解が進んでいる。

人間の行動選択の可能性は遺伝と環境によって条件づけられるが、生まれたときは他の動物に比べても何もできない状態で生まれる人間の子どもは、自らの持つ可能性を実現するためには、様々な能力を獲得しなければならない。どのような能力を獲得するか、選択するのは本人の持つ目的意志、選択意志である。遺伝によって規定されているわけではなく、自分が決定しなければならないので、不安定であるし間違えると非人間化（人間でないものになってしまう）の可能性もある。良くも悪くも、人間を成り立たしめるうえでの教育の役割はきわめて重要である。

発達と教育の関係においては、大昔から遺伝か環境かという、生物的なものと社会的なものについて論争されてきた。しかし、人間と動物との違いから考えてみると、遺伝決定論の誤りを理解することができる。体つき、回転の早い頭、記憶に優れた頭など遺伝的素質＝天分は生来のものであって、人によって違う。しかし、「賢い頭」として生まれてきたものが必ずしも創造的な頭になるとはかぎらないし、「悪い頭」として生まれてきても本当に「悪い頭」にしかなれないとは決まっていない。能力は努力して備わったものである。人間以外の動物は素質と能力はイコールであるのに対して、人間にとっては修練・努力が決定的にものをいう。能力は育てうるもの、それこそが人間的な能力である[1]。

ロボットとの違いを考えることは、環境決定論の誤り、ひいては管理主義教育の誤りを理解させることになる。S-R理論（ワトソン）は機械には通用するが、人間は同じ刺激を受けても皆同じ反応をすることはないからである。

外部の働きかけは「内的諸条件（人格）をとおして屈折して体験される」（ルビンシュテイン）のであって、教師の教えは違った人格＝主体性を持った子ども達にとっては違った受け止め方をされるのは当然である。それは能力差ではなくて個人的経験の差であって、一人一人の子どもの内的世界を知らなければ教師の仕事は成り立たない。教育学は独断を許さない弁証法的な科学であることが理解できる。

このように、遺伝決定論や環境決定論は一見正反対のようにも見えるが、発達する本人の主体性を認めていないという点では一致している。厳しく育てる管理主義教育も、褒め褒め育てるゆとり教育も本質は同じである。答はいつも子どもの外にあり、子どもたちはいつもそれを覚えなければならないという適応教育が行われているだけである。結果として、評価に過敏に反応する子を大量に作っているだけで、本人自身の主体性＝人格を育てようとするものではない。外から作られた評価基準にどれだけ応えられるか（成績を上昇させせいい評価をもらう）という教育実践は、適応が上手になったということであって、必ずしも発達を生み出したことではない。むしろ、それぞれの場面で細かに評価・評定されることにより、子どもたちの自尊感を奪うことにつながっているのではないか[2]。

（3）変革主体としての人間の理解

人間らしさの特徴は人間発達のあり方にあることを理解したうえで、人間はどのようにしてその特徴を身につけてきたのかを検討することによって、次の「社会について学ぶこと」へと続く学習が導かれる。人間は環境を変革する知性の発達や他者との協力という人間関係の変革を通して、地上を支配することができたという事実がある。人間は歴史を作るなかで、人間らしさを発達させてきたのである。他の動物とは違って、生得的に個人に備わった適応機構のかわりに、人間の作り出した歴史（文化）のなかで、それを学び取りながら発達してきたということである[3]。

労働や共同などの人間の諸活動は、人間が自己を対象のなかに実現していく「対象的活動」である。しかし、人間は対象化された文化的環境によって規定されはするが、同時にそれを学び取る（その対象性をはぎ取ってそれらの能力を再び主体のうちに取り戻す）「非対象化の活動」によって、新しい人間的諸能力および諸経験を作りだし、これらの環境をいっそう豊かなものに作りかえていく（大橋、一九七三）。ここに人間自身の歴史性が成立し、外的に規定されるだけではなく、変革の主体である人間が立ち現れることになる。人間を「規定されている」という状態で捉えるのではなく、「発達しつつある」という動態で捉えることが大事である。対象化された文化を学習活動を通して習得するということ、これを欠いたならば人類の社会的＝歴史的発展の諸成果を、次の世代に継承させていくことはできなかった。諸個人の発達と人類の歴史的発展（発達）との対応関係はここにある。他の動物やロボットに歴史は作れない。

人間らしさは、寒くなったら冬眠するとか昆虫が変態するとかいったような環境に適応して生きるのではなく、あるいはロボットのように融通の利かない対応をくりひろげるのではなく、暖房を造ったり、食料を生産したり、新しい人間関係を作ったりと、環境を変革する生き方をしてきたことによって示される。人間は適応ではなくて変革の意志を持ち、変革主体として存在してきたことを理解することが大事である。しかし同時に、現代社会における人間は、変革主体として発達していない場合が多い。全ての人間は主体性を持っているのだが、その主体性の中身の問題である。親や教師の言いなりになっている「指示待ち人間」も、主体性がないのではなくて、「まわりの人に従おう」とする主体性を発揮しているのだ。よって、「主体性を身につけろ」ということではなくて、どのような主体性＝人格なのかが問われるのである。人間らしさを示す主体性はまわりに合わせる生き方ではなく、まわりにある問題を変革していこうとする主体性ではないか。それができないと、まわりに適応して生きていく動物的な生き方になってしまうのである。変革主体としての人格の発達を考えなければならない。

例えばいじめ、不登校、暴力などの「問題行動」の拡大を見ても、そこには子どもの「未発達」の問題が存在する。本来この年齢では当然身につけていなければならないものが育っていないということである。学力の未発達では、単に点数を取らせることではなくて、前述した「学びの疎外」の状況を検討する課題がある。高学歴取得者であったオウム真理教信者が事件を起こした例でもわかるように、点数をとったかどうかではなくて、現実をきちんと学んでいるかどうかが問われているのである。「ゆとり」という名前で本人の「やる気」(主体性？）に任せ、大多数の子どもに対してきちんとした学力を保障せず、結果として手抜きの教育を行っている現在の学校教育は問い直されるべきであろう。

また、社会性の未発達では、コミュニケーション能力などといった技術的なものではなく、学校の評価体制の問題が大きい。もともといろんな個性があったのだけれども、問題を起こさない「普通の子」に押さえ込まれてきたことによって、競争的・管理的秩序に従うことを強制され、親や教師の評価に過剰に従おうとして、現状を変革する主体性を獲得できないでいる姿である。評価が下がるからといってトラブルを起こさない、それを避けるといった子ども達の生活では、「空気を読む」や「忖度」が横行することによって、生身の人間関係が作られるはずがない。

それに加えて、社会の問題や矛盾が反映されて、子どもが主体的に選択をする力を身につけられないといった問題もある。貧困や差別のなかにある子ども、暴力支配にさらされている子どもなどは、そもそも人間らしく発達する社会的条件に問題があり、「貧困の世代間再生産」などによって学習意欲や将来に対する意欲を失っているという姿が指摘されている（苅谷、二〇〇一）。これらは学校教育だけでは解決できるものではなく、人類史的な課題であるが、多くの人々の共同した社会変革の努力が必要である。「知識基盤社会に対応できる学力」とか言って、現実の新自由主義社会を前提とする学びでは、変革の主体を生み出すのは困難であろう。人間らしく成長していくためには、単なる主体性ではなくて、現実の社会に対する変革主体へと発達する課題がある。

2 社会について学ぶこと

(1) 制度としての教育の理解

「空気を読む」や「忖度」は「世間」を生きる力であって、社会を生きる力ではない。社会性とは世間性ではなく、そういう「世間」を生み出している根源となっているのが学ぶべき社会である。その意味で、もともと社会なるものは抽象的にしか存在しない。前述したように、人間が具体的に生み出しているのは歴史であり、社会というのは一貫して動き続ける歴史の歩みを、ある瞬間で切り取って表した姿のことである。社会科学においては、人間についての法則は人間が生み出している歴史の法則となって理解され、それは社会の法則にも適用されるということになろう。

史的唯物論による歴史=社会の法則性は、客観的に存在する経済構造を「土台」としてそれに照応する「上部構造」(意識的に作り出された制度、イデオロギーなど)が生み出されることを通して示されている。教育はまさに「上部構造」としての性質を持ち、経済構造に規定されつつもそれに反作用するものとしても位置づけられることになる。戦後初期の教育科学論争は、「社会現象としての教育」と「実践としての教育」が統一した科学として成立するかが課題となったが、教育実践の恣意性を排除するために史的唯物論からの積極的な問題提起があったのである(井深、二〇一六)。上部構造としての教育の実態は、近代公教育制度などにみられるような強固な制度として存在することになるが、制度化途中である「不定形教育」や「非定形教育」(鈴木、一九九六)など社会教育の分野での教育実践も含まれているし、それらの基本となった社会的観念やイデオロギーも含めて考えることができる。しかし、学生に「教育の歴史とは何の歴史なのか」を尋ねると、返ってくる答の大部分は学校の歴史や教育に関する法律の歴史などであって、具体的イメージのほとんどは、制度化された教育の姿である。

日本において、近代以前の教育の歴史に登場してくる、大学・国学の制、金沢文庫、足利学校、湯島聖堂、昌平坂学問所、藩校などは、支配階級による次の支配者としての子弟の教育である。まさに支配を強化するための歴史であり、「教える歴史」(福尾、一九九四)であった。学校に行くことができる子どもは限られていたし、被支配階級が学問をすること=賢くなることは禁じられていたからである。学制発布(一八七二年)によって、すべての子どもに対する義務教育が制度として成立したが、それ以降の近代公教育も同様に「教える歴史」であった。戦前は、日本資本主義の発展が富国強兵や殖産興業を担う人材を大量に要求したのであって、地域住民が国家を担う「国民」へと統合される過程のなかで、強い軍隊や資本の高蓄積を実現する「臣民的半プロレタリアート」(安川、一九六九)を教育政策として実現していったのである。戦後も同様に、国家独占資本主義の産業振興策に即した人材が、その時々の課題を遂行するために、国の教育文化行政の再編を伴って養成されてきた。

つまり、教育(子育て)はもともと私事的なものであったが、公的な必要性が自覚されてくると(例えば質の高い工場労働者の大量生産など)、専門的な職業としての教育労働が組織化されることになる。さらに、その労働を管理するものとして教育制度が成立する。教育制度のなかでは、教育労働は自由な労働ではなく、管理するものの目的に適合させられる労働となる。「教育制度は教育労働の疎外された形態」(鈴木、二〇〇三、一三二頁)であるという本質が現れてくるのである。教育制度は「政治」の文脈であって教育労働とは違う。教育行政を遂行していることが教育を実践しているかのような誤った考えをもってはいけない。例えば、「いじめをゼロにする」という取り組みは、教育行政の仕事であって厳密な意味での教育実践ではない。いじめがなくなったといっても、それは元の平穏な日常に戻っただけである。教育がやることはゼロにすることではなくて、いじめという問題状況のなかで、いじめている子、いじめられている子、傍観している子それぞれを成長・発達させることが仕事なのだ。いじめがあったかなかったのかだけを調査していることや、いじめていた子どもを自主退学させればいいとした取り組みは、行政の仕事であるかもしれないが教育の仕事ではない。

政治と教育を混同しないためにも、教育のもう一方の歴史＝「学びの歴史」（福尾、一九九四）を捉えることが重要になってくる。人々の「学びの歴史」は労働、生活、子育ての必要から発生してきたものである。その学びが広がり深まっていく歴史は、単なる学習の歴史ではなくて学習運動の歴史であったともいえよう。それらは教育制度のなかではなくて民衆の社会運動のなかに現れてくる。まさに、人間の特質であった労働と共同のなかでの人間発達のための営みでもある。労働や言語の進歩のなかで、学びの主体が広がり、深まっていく歴史である。

公教育が成立した近代以降においては、人々の学びは新しい段階を迎える。一部の特権的な支配階級にのみ許されていた教育が、すべての人々に対して開かれてきたからである。また、それを作り出したのも学習運動の高まりが大きく関わっていることは否定できない。不徹底な革命であったとしても、明治維新の革命を実施するうえでは、全国的に広がっていた百姓一揆や世直し運動を展開した民衆の識字能力、思想性、組織性が力を発揮したのである。この力は、公教育の発足とともに、自由民権運動をはじめとして労働運動や農民運動など階級的運動につながっていく。資本主義経済構造の「土台」は階級的対立や矛盾を含んでいるので、矛盾が規定する「上部構造」としての制度は、単に資本主義的経済構造を強化するだけではなくて、新しい動きが付け加えられることになっていく。

（2）教育の階級性について

「教える歴史」と「学ぶ歴史」の弁証法的な対抗関係から教育の歴史を捉えることによって、歴史的に行われてきた教育をリアルに見つめれば、誰にとってもよい教育などというものは存在しなかったことが理解できよう。北朝鮮において行われている教育も誰かにとってはいい教育であるだろうし、日本の現政権による教育改革も誰かにとっては都合のいい教育なのだろうが、すべての国民にとってどうかと考えれば、はなはだ怪しいものであろう。その誰かを理解するのが次の課題である。

日本における資本主義の発達と教育を関連づけて考えるならば、教育制度の歴史のなかに、「変わらない」教育の姿を発見することができる。この「変わらない」姿というのは、資本主義社会における教育の法則性を示す具体的事項でもある。一つは、「国家による国民の教育」という姿である。近代国家成立以前の社会においては、地域住民は民衆として存在してはいたが、それを国民として掌握し国民へと育てるという教育のあり方である。いわば、支配階級による「教える歴史」であるが、資本主義の発達に伴って、従順な労働者を育てるという課題に沿ったものである。もう一つは「立身出世のための教育」の姿である。全ての子どもを教育の世界に取り込むことによって、能力ある人材をもれなくすくい上げるという資本主義社会の競争の構造である。エリート養成の機能によって、一方では教育によって階層を上昇させるという幻想を振りまき、もう一方では、もともと存在する階級差を、学歴差＝能力差であると理解させる作用にもつながっている。

しかし、これらのみが資本主義社会の教育の法則であるとしたら、国家のための人材養成やエリート養成を末端でやるのが教師の仕事ということになり、そのような職業に魅力を感じられるとはとうてい思われない。これらは、矛盾によって反映された一側面を見ているだけである。堀尾輝久が整理しているように、近代教育は「支配階級の自己教育」と「労働者階級の教育」から成り立っている。労働者の教育は「労働者階級の自己教育」と「支配階級からの教化」から成り立っているが、近代公教育をリードしたのはこの教化の部分であったと指摘する（堀尾、一九七二）。よって、支配階級に取り込まれない労働者階級の自己教育の側面を理解することが重要である。矛盾のもう一方の側面とは、「教える歴史」がどのように幅をきかそうと、民衆はそれらに対抗する社会運動を「学びの歴史」で繰り広げてきたという事実である。

宗像誠也は、「教育政策とは権力に支持された教育理念のことである」と定義している。権力は政治献金や政治家の買収などによって政治に人材養成を要求する。政治はそれを受けて教育政策を作る。しかし、権力の求める教育政策だけで現実の教育が成り立っているわけではない。権力を持っていないものは、批判的運動（教育運動）という形で政策に関与している事実が重要である（宗像、一九六一）。よりよい教育を実現するためにはどのような制度を実現していくべきかという政策論や法律論が闘わされ、運動の力関係によっては支配階級からの「妥協」を引き出すことが可能になるということである。この「妥協」というのは自分たちの延命のために行うのであって、決して労働者階級のために実行するものではないが、少なくとも民主主義の制度が発達する社会になれば、以上の可能性は大きく広がることになる。そのことによって労働者階級の権利が拡大するならば、現代における「学ぶ歴史」を強力に推し進めることになろう。

社会と教育の関連を歴史的に見ていけば、まさに階級対立、階級闘争を通じて現実の教育は動いてきたという事実が捉えられよう。教育はまさに「階級闘争の一形態」（スバトコフスキー）として存在していることが理解される。

近代公教育制度としての学校は、労働力の質の確保と同時に、子どもたちの思想を支配階級の役に立てるために整備されてきた。しかし、科学的認識によって学力を向上させると、子どもたちは知性を発達させてこの社会の矛盾に気づいたり、従順な労働者であることを拒否したりするかもしれない。かといって、非科学的な教育内容では、競争に勝ち抜く質の高い労働者は確保できない。これは支配的な教育の自己矛盾である。

この自己矛盾を資本家階級は解消できないとするならば、現実の教育をめぐる矛盾に対して、新しい解決策を提示できるのは被支配階級の立場ということになるだろう。歴史のなかでの労働者階級の果たすべき役割や課題につながっている。それは、人間社会を動かしているのは一部のエリートではなくて、多くのノンエリート達の生き様であるということであり、ノンエリートとしての人間の生き方を確立しないと、労働者はきちんと生きていけない時代になっているからである。教員養成学部にいる学生は、大多数はエリートにはなれないし、また自分が教師になったとしても、教師としての一生のなかで、自分の教え子のなかでエリートになれるような子どもは一人いるかどうかであろう。ほとんどがノンエリートを相手にする仕事に就くという事実を認識する必要がある。

(3) 教育が教育されること

社会についての理解は、子どもを理解するためというよりも、教師がどのように成長していくべきかを理解するための学びである。教育は社会的過程であるが、対立し合う階級がある階級社会に当てはめると、ある人々が他の人々を目的意識的につくっていく過程である。階級として自己を認識していくに従って、その教育活動は強化され一定の形を取るようになる。自分の階級の成員のなかに階級的な自己意識を発達させることによって、自己階級の目的を遂行していくのである。よって、自覚するかしないかは別に、階級社会においては全ての教育は階級的教育である[4]。国家は階級支配の道具であるから、支配階級は国家を通じて教育を組織するので、教育制度をめぐっての対立・闘争が引き起こされる。人間の意識、習慣、性質を作り上げるための教育は、人々が対立したり連帯し合いながら営む闘争の過程であるともいえる。

封建社会に比べれば自由で民主主義的な教育が権利として保障されてきた資本主義社会ではあるが、勤労大衆の階級意識が成長してくるようになると、資本家階級はそれらを弱化するために、自己の階級の利害に沿った階級的教育を強化する必要に迫られる。教育における国家権力の地位に関する中立性や、階級的不平等と関係なく概念化されている機会均等のイデオロギーなどを主張し、意識的に自己の階級に役立つ教育を浸透させようとする。しかし、その虚偽性が理解されるようになると、子どもたちが「問題行動」を多発させたり、批判的な教育運動を引き起こす要因になり、対立が激化する。

こうしたなかにおいて、教師は階級のエージェントとして存在する。階級によって方向付けられ、階級の組織によって組織されたこの教育を、最後に教師が技術的に実施するのである。教師は自分が自由に選択した倫理的理想に従って教えているのではなく、買い手の意思を遂行している仕事（疎外された労働）となりがちな職業である。そうした「技術屋」であることがいやだったら、自分の階級の思想を意識的に実践することが必要で、教育が階級闘争の一形態であることを理解して、自分の教育的影響力を闘争のために利用するしかない。

教師が成長するうえでは、社会によって教育が規定されていることや、教育によって社会が変わっていくという抽象的な理解だけでは、社会と教育の関係を学んだことにはならない。この種の議論では、環境が人間によって変えられるのと同時に、変えようとしている人間もまた教育されるものだという反作用を忘れているからである[5]。教育が教育されるということを理解するために、それは何によってどのように教育されるのかを学ぶという実践的課題である。ゆえに、社会学者の立場にみられるように、教育者自身もその関係のなかに存在していることが欠け落ちて、教育者の立場を「客観的な」観察者にしてしまうことは問題であろう。良い社会で良い教育ができる、良い社会を作るためには良い教育の力が必要と言っているようなものである。宮原誠一は、この悪循環を断ち切るためには、社会改造に教育を参加させること、教師、親、子どもたちが力を合わせて社会をよくするように努力すること述べているが（宮原、一九五二）、そこには教師自身の成長・発達が位置づけられねばならない。

環境を変革することと、それが人間的な活動になるということは、両者とも変革する実践として捉えることによって、はじめて合理的に理解することができる。環境を変えようとしている人間は、自分を変えること（自己変革）によって、その目標を達成できるということである。子どもを成長・発達させる（変える）という教育活動は、疎外された教育労働を変える自分自身の実践を通して、可能性が広がるということであろう。教師が教育されるとは、教師が成長するといったような抽象的なことではなくて、教師が実践を通じて自己を革命的に変革していくということである。教師は、今自分が存在している現実の社会にどのような矛盾や課題があり、それを変革していくためには自分自身がどう変わらなければならないかをも学び、実践していくということである。具体的には、疎外された教育労働を人間的な労働に取り戻し、支配階級のエージェントや単なる技術者ではなくて、階級の思想を意識的に実践できる教師へと成長していくことであろう。

教育が教育されるとは、教育活動を通じて現状の階級的教育の矛盾を変革していくことである。それは、教育が抑圧的な教育から解放の教育へ、疎外された教育労働から人間的な教育労働へ転化することにほかならない。そのための教育学があるとするならば、教育とは何かを追求することと、教師が強く生きることが同時に追求されるような学問になる必要がある。「当為の学問」として批判される教育学が科学になるためには、社会＝歴史の理解に結びつけられた社会科学としての教育学を目指すことであり、固有の対象としての「教育実践」を中核としながら、両者を関連づけることができる教育学になる必要がある。

3　教育実践について学ぶこと

（1）教育のミクロの相をめぐる実践

これまで、人間と社会についての理解を通して、教育学の学びについて検討してきたが、もちろん教育は政治や経済など外側から捉えただけでは把握できない。外側から社会がもたらす矛盾と、子どもが発達途上においてもつ矛盾、これらの「二重の矛盾」（小川、一九六四）のなかで、矛盾に働きかけて矛盾が人格を持った人間の成長の力となるように働きかける過程が教育実践である。こうした教育実践そのものを対象として、初めて教育学が科学として成り立つのである。それらを一人の教師の実践として理解するにはどのような課題があるか、以下順を追って述べることにする。

まず、教育のミクロの相をめぐる実践としての教育実践を考えていこうと思う。固有の教育実践とは、教育者が学習者に対して教えるという状況を示すものであり、「何のために」「何を」「どのように」教えているのかといった内容でもって示される実践である。その構造は教育の内部構造ともいわれているもので、能力の発達（学力の形成＝「できる」ということ）と人格の形成（世界観の形成＝「行う」ということ）という二側面が、統一して追求されている姿である[6]。知ってはいても実践できない場合は完全に理解したということにはならないだろうし、中身が伴わなくて行動だけが評価されるようになったら、それはファシズムと同じである。両者は連動するものであるが、最終的には人格の完成が目指されているのがミクロの相としての教育の姿である。

「何のために教えるのか」は理論的課題であるが、具体的な場面での指導は実践的課題である。子どもの発達に関わる教育実践において、「教育（狭義の実践）」は発達の条件であるが、それは能力や人格の発達の過程にいくつかの次元をもって関与している[7]。まず、「外的諸条件」(人間の歴史）のなかから、子どもの発達段階に即して必要なものを見極め教材化することである。次は、提示されたものに対して子どもが即時的にもつ矛盾=「これは何だろう」と客観的に感じる「外的矛盾」を、「これを何とかしたい、できるようになりたい」と主観的に感じる「内的矛盾」に転化させることである。そして最後には、子どもが努力して何とか自分の能力として獲得しようとする営みを、技術的に「指導」する仕事がある。このように、子どもの発達過程には、子どもの成熟を先取りした教育的働きかけが前提とされている。

それらの次元のなかで、教材化の問題=「何を教えるか」に関しては、筆者はかつて「地域」を中核にした取り組みの意義を示したことがある（大坪、二〇一二)。子どもの人格形成における特殊性（個性）と人格内容における普遍性とを兼有しうるためには、地域に「根ざす」べきものと「根絶つ」べき内容を見定めて学ぶことが重要であるからだ。子どもたちの問題意識を育て、それを解決するために（みんなで）学ぶという実践は、教育的価値を具体的に考えることができ、その発展方向を検討できる「地域」の豊富な教材（機会）によって進めることができると考える。

指導法=「どう教えるか」をめぐっては、新学力観に代表されるように、子どもの「主体的な学習」を強調し、「指導」ではなくて「支援」が大事であるという実践論が主張されている。これは子どもの「主体性」を尊重しているように見えるが、実際はまったく逆になっているのではないか。何をどのように学ぶかを選びとる自由と権利が子ども達に与えられていないし、批判的な学びも実現されていないからである。結局「学び方学習」をやらされているようなもので、一方的な評価・評定によって、特定の学び方を「主体的な学習」として評価する学び方の統制であるといえる。人間の学び方とは人間の生き方に他ならないという考え方からすると、生き方の統制にもつながるものであろう。

管理を拒否するあまりに「指導」をも否定する傾向があることは事実だが、指導しない教師ということになると、教師としての役割の放棄であろう。この矛盾を打ち破るためには、「指導」は子どもに拒否されることを前提としていることを理解すべきである。教師が「指導」したからといって、子どもが全部そのようには変わらないという弁証法的理解である。だから、「正しいことには自主的に従い、疑わしいことには問いを発し、まちがったことは拒否する」（竹内、二〇〇〇、二四八頁）子どもを育てていけば良いだけの話である。子どもの権利条約（一九八九年）が示しているように、子どもは自己自身の主人公である。このことが学校に浸透してさえすれば、「指導」は子どもの能力が発達するのを共同作業を通じて援助することであって、指導に従うかどうかは子どもの権利であるし、納得するための意見表明権もあるのだ。子どもの権利条約に沿った学校や学級が営まれていれば、教師が「指導」で及び腰になる必要はない。

教材化や指導法などの教育実践に関しては、ある意味で教師個人の努力というよりも、集団化された力が功を奏するであろう。子どもが集団で教育される意義と同様に、教師も集団で教育活動を行うという意義である。個人的な経験は多くの人々による検討・吟味（経験の出し合い）によって普遍化するのであり（経験主義の克服）、次に述べる教師の専門職性の中心にあたるものだからである。

（2）教育のマクロの相をめぐる実践

子どもが未熟であるがゆえにもつ矛盾に対して、達成の主体形成を目指す実践がミクロの相だとするならば、社会の矛盾が反映されることによる矛盾に対して、歴史創造の主体形成をはかるのがマクロの相での実践である。前者を能力の獲得とするならば、後者は能力の獲得をより容易にしていくための新たな発達の諸条件の獲得である。これは、子どもというよりも大人の社会教育実践の中心的課題となっている。大人の場合は、この課題を意識的に取り扱うことが可能であり、自己の発達課題としても措定できるからである。学校教育で以上の課題に向けて取り組まれるとしたら、子どもが大人へと成長していく際に、どのように橋渡しをしていくかということに関してであろう。教育においては、どのような大人にしていくのかが先に検討されて、そのために子どもをどう成長させるかが課題となっているからである。これは「何のために教えるのか」にも関連している。

まず、現実の社会をそのまま認める実践か、それとも現実の社会を変える実践かが問われる。現行の学習指導要領においても、また二〇二〇年を目指しての次期指導要領の方向性でも、「知識基盤社会を生き抜く学力」が課題とされ、知識基盤社会＝新自由主義社会のもつ矛盾や問題点は棚上げにされ、結局は適応能力を身につけさせる実践になっているからである。社会を学ぶということは、現実を理解することにとどまらず、何を変えていくべきなのかを学ぶことである。その問題点や原因を追及し、「誰が」「何を」「どのように」変えていくのかを学ぶことである（大坪、二〇〇一）。教師の課題としては、現実の社会ではなくて未来社会を展望できるような学びが必要であるし、それに基づいた実践を構築していくことこそが求められる。その際に、学校が果たしている否定的な側面を中心に見て、「脱学校化」や「異化」「相対化」といった考え、またはフリースクールに代表されるような学校を離れた教育実践などが注目されてきたが、これらは教師になる道とは正反対の実践である。教師を自己否定するような学びにならないためには、学校の「何を」変えるかを学ぶことが大事である。

現実の学校を変えるためには、縦と横の二つの関係を変えることが必要であると考える。縦の関係とは、国家と国民の関係である。国民主権の国にふさわしい、国民の意思による教育政策を作り出すことである。戦後日本においては、憲法と教育基本法の下で、教科書裁判運動など国民の教育権を実現する運動が展開されてきたが、それはまさに、民主的な教育体制を作り出す（変革する）ための課題であった。教師もこれらに対して積極的に取り組める状況を作り出さなければならない。

横の関係とは、それらの運動を展開するために、国民（地域住民）の間での協同・連帯の関係を構築するという課題である。国民がばらばらにされる関係においては、国家に対抗できる主権者としての力は発揮されない。まさに、「どのように」変えるのかにつながる教育の住民自治を実現する課題でもある。また、教師の実践を支えるためにも地域の力は不可欠である。「全体の奉仕者」としての教師が、国民（地域住民）と結びつきながら、「直接責任」をもって一つ一つの実践を確かめていくという課題である。「専門職」として自分の実践が展開できるためには、国民に支えられる関係を作らないと、「好き勝手にやられてはたまらない」ということで教師の権利は迫害され、上司の命令に従うだけの「非専門職」におとしめられる。

教師が未来社会に対する展望を持つためにはどのような実践が必要か。この点に関して、教育関係者のなかでよく引用されるアラゴンの詩の一説、「教えるとは希望を語ること、学ぶとは誠実を胸に刻むこと」（ストラスブール大学の歌）がある。教える、学ぶといった教育実践の基本的な項目を、簡潔に言い表している言葉であることが支持されている理由であろう。ここでの「希望を語る」という言葉には、教師と子どもたちが「共に」という意味が含まれている。教師も子どもも同時代を生きていること、歴史の同じ段階にある課題を共通して持っていることの意義を指摘している。世代間の違いはあるが、歴史の共通性という基盤によってお互いを理解することができるということである。「語る」ことによって、前世代が何を求め次世代が何を要求しているのかを知るという実践になりえることである。

そして語り合うべき「希望」とは、「真実」とか「未来」とかに言い換えることも可能である。それは、魯迅が「絶望が虚妄であるのは、まさに希望と同じだ」(魯迅「野草」より）と述べているような、娼婦やアヘンのようなその場しのぎのものではないはずである。虚妄性を打破するためには（これは「絶望」も同じ)、科学的に確かめられていること＝真理（真実）を探究すること、何が真理であるのかを追究する努力を惜しまないこと、嘘を教えてはいけないことなどである。そうした実践こそが、未来についての科学的展望（希望）を教え、安易な「希望」や「絶望」を認めない教育実践につながるのである。長いものに巻かれろ式の処世訓を教えることではなく、社会をどのように変えていくのかについて学び、実践する力を身につけていくためには、「共に未来を語ること」ができる教師でなければならない。

（3）教育主体としての発達を目指して

子どもが人間らしい人間になるための発達の姿を、発達のミクロの相とマクロの相の違いから考えると、人間発達には二段階の主体形成の過程があることが理解される。第一には、未発達の段階の子どもにおいて、個人の行動様式・意識・態度の変容を含んだ自己変革の過程がある。そもそも、階級社会において子どもは決して「白紙」で生まれてはいない。歴史の刻印を受けた階級の子として生まれてくるのであって、一般的な発達ではなくて階級的規定を受けた発達とならざるを得ない。この「階級の子」は、社会の様々な影響を受けながらも、必然的に生じる外的矛盾を内的矛盾に転化し、自らの努力によって様々な能力を獲得し、自己変革を達成する。「学習」という行為を媒介することによって、自己にとって何が必要であるか、何を身につけるべきかといった学習必要・学習目標の設定や、目標実現のために必要な知識・認識を明らかにし、「教育者」の発見を目指し、「教育者」を見いだして教育の目標を理解し追求する。これは学習主体の形成を目指した発達の姿として把握することができる。

第二は、ある程度の発達を遂げた子どもは、自己教育活動を展開することが可能となり、自らの手で学習活動の組織化や運動化をはかることができるようになる。自分自身の変革だけではなくて、他者に対して影響を与え、社会的条件そのものの変革へ向かう過程である。ここでは「運動」という行為によって展開され、自己変革というよりも他者を対象としたいわゆる人間変革へと高められ、自らを教育の主体へと形成する過程となる。つまり、人間の発達がある程度の段階になれば、教えをうけて学ぶという学習活動は、自らが教育者や教材を求め自らが学習環境を造って学ぶという自己教育活動へと転化していくものである。自己教育活動は教育が自己否定された究極の姿でもあるが、学習主体が発達し相応の人格を作ってきた姿でもある。人間変革の段階へと発達することとは、他人を変革することによってさらに自分を成長させるという活動である。これは学習活動から教育活動への転化であり、学ぶ一方であった学習主体が教育主体へ転化するということでもある。

人間は自分自身だけではなくて、他人＝社会を考えることによって、マクロレベルの発達を遂げるのであって、これは同時に、どのような大人にするかを考える際の一つの指標となるであろう。学習主体としての発達が第一義であった子ども時代（自己変革の時代）に、そのためにどのような準備をしておくのかは、大人になったときどのような教育主体となるのかを念頭に置きながら、学校教育の内容として確立することが大事なことである。社会を発展させる＝歴史創造の主体とはどのような中身を持ったものなのか、そしてそれを遂行できるための能力はどのようなものなのかを検討することが求められる。

矢川徳光は、人格というものが自然的・社会的な意識的存在であることや労働主体であることを指摘した後で、その力動の主導力が個人の民族的・階級的矛盾によって条件づけられる政治的指向性であることから、「人格は、その人が意識しているかいないかにかかわりなく、その本質において、つねに一定の党派性をもっている。」（矢川、一九七三、六二―六三頁）と定義した。これを教師に当てはめて考えると、「教育主体」という事柄は違った次元で理解することができる。教育を担う教師は階級的教育を実行していることになるが、その教師が自己の階級の教育をするか支配階級のエージェントとして機能するかは、まさにその人格＝党派性にかかっているのである。人格を確立するうえでの決定的要因が、階級性を意識的に実践しようとする党派性であるとするならば、階級の主体としての実践を「行う」ことのできる人格が、より完成された教師の人格のイメージとなろう。

教師の成長・発達の実態も、「学び続ける教師」といった抽象的なものではなくて、いかなる教育主体となって存在しているかによって、最終的には把握することができると考えられる。教師が変革の対象とする人間は教え子にとどまることではない。教師の成長の問題は、人間発達ということからすれば、ほかの職業を持っている大人と同じである。工場でものを作っているとか流通や販売にたずさわっているとか職業を問わず、労働者として人間変革の活動をどのように意識的に展開しているかということである。教師の労働は子どもを教育しているという労働であるが、そのことは子どもだけではなく、職場や地域やひいては社会をどうするかという、他人を変革する実践とつながっているのである[8]。また、将来を見据えた子どもの成長・発達を考えるならば、教室の中の「指導」だけでは限界があるのは当然であろう。子どもたちが「将来こうなりたい」という願いを実現させるためには、地域社会をはじめとする社会的条件を変革していかねばならないからだ。教師が地域や社会を変革する活動に加わっていかなければ、教育の仕事は完結しないのである。教師が教育主体であるというのは、「学校の先生」という教育者の姿ではない。以上のような、労働者階級としての教育主体（人民の教師たれ！）を考えることができなければならない。

注

1　動物はその日暮らしであるのに対して、未来を構想できるのが人間である。過去にとらわれて生きるのではなく、未来を先取りして計画的に生きることができる。未来からの光に照らして現在を見れば、過去は現在に飲み込まれたままであることをやめ、過去を過去として客観的にみることができる。過去の重荷につぶされない生き方ができるのである。未来を失わないために、他人との関係を問題とするのであり、連帯や団結といった課題が人間発達において重要な位置を占めることになる。精神的その日暮らしや精神的一人暮らしは、人間らしさを発達させるための生き方ではないことが理解され、「どう生きるか」につながっていく。

2　なお、神様との違いに関しては、人間は神様にはなれないということから、スーパーマンではなく普通の人間を育てることが教育の目的であることの理解が重要である。同時に、スーパーマンのような教師になろうとするよりも人間らしい教師になるべきで、またはそれしかなれないことを教師論を通して教えるということになろう。

3　エンゲルス（一九六八）は「猿が人間になるための労働の役割」のなかで、人間が道具を作ったこと（人間が労働を通して環境を変革したこと）と、人間が言葉を作ったこと（人間が共同を通して自分自身を変えたこと）の決定的意義を述べている。

4　ジェルピ（一九八三）は、生涯教育は「抑圧と解放の弁証法」によって存在するものであり、どの様な目的どの様な手段によって実現されるかによって、生産性の向上や従属の強化といった既成秩序の再生産のための教育にもなるし、人間性の発展や解放、人々を抑圧しているものに対する闘争に関わっていく力にもなると指摘する。その意味で、生涯教育に政治的中立はないという立場を明確に示している。ここで述べている「生涯教育」を「教育」に置き換えても同じことである。

5　マルクス（一九六三）は、「環境と教育に関する従来の唯物論的な議論は、環境が人間によって変えられ、教育者自身が教育されるものだという反作用を忘れている。」と述べている。

6　この意味でＡＩは「できる」ことに関しての指導は可能かもしれないが、「行う」を達成させることは難しいので、教師の仕事を任せられる段階にはない。

7　コスチューク（一九八二）は、発達の条件として「外的諸条件」と「教育（狭義の実践）」をあげ、発達の原動力としての発達主体の「内的矛盾」と区別した。

8　資本が主導する国民生活の構造を転換させるために、労働者階級の運動も「人づくり」の課題が提起されてきている。特に、「賃労働以外の生活領域における人づくり」として、生活基盤悪化に対抗する地域闘争の課題が重視されている。労働者階級にとっても、地域の物質的生活条件の充実や正当な管理がなされないならば、労働者の労働力再生産過程に支障をきたすことになり、労働力価値は一段と低下せしめられるからである。労働者が職場だけではなく、地域づくりの担い手として成長していくことが求められている。

参考文献

浅井春夫他（二〇一六）『子どもの貧困の解決へ』新日本出版社。

安斎育郎（一九九〇）『超能力を科学する』かもがわブックレット。

井深雄二（二〇一六）『戦後日本の教育学』勁草書房。

エンゲルス、F．（一九六八）村田陽一訳「猿が人間になるについての労働の役割」『マルクス・エンゲルス全集第二〇巻』大月書店、四八二―四九四頁。

大田堯（二〇一一）『かすかな光へと歩む　生きることと学ぶこと』一ツ橋書房。

大坪正一（一九九二）「地域づくり運動の担い手」星埜惇・河相一成編『地域再構成の展望』中央法規出版、二四三―二六八頁。

大坪正一（一九九四）「大学教育における『学びの疎外』の克服」『弘前大学教育学部紀要』第七一号、八三―一〇〇頁。

大坪正一（二〇〇一）「生涯学習政策の現段階」東北の社会教育研究会編『地域を拓く学びと協同』エイデル研究所、一八一─三〇頁。

大坪正一（二〇一二）「教育実践と地域」大坪正一・平田淳・福島裕敏編『学校・教員と地域社会』東信堂、八七─一一三頁。

大橋精夫（一九七三）「マルクス主義の発達観と教育（上）」『科学と思想』第九号、新日本出版社、九四─一一四頁。

小川太郎（一九六四）「発達と教育」『教育科学入門』明治図書、四〇─七〇頁。

奥田泰弘（二〇〇三）「教育行政とは何か」奥田泰弘編『市民・子ども・教師のための教育行政学』中央大学出版部、一─一〇頁。

苅谷剛彦（二〇〇一）『階層化日本と教育危機』有信堂。

コスチューク、S．G．（一九八二）村山士郎他訳『発達と教育』明治図書。

ジェルピ、E．（一九八三）前原泰志訳『生涯教育─抑圧と解放の弁証法─』東京創元社。

汐見稔幸（一九九二）「学びの疎外を克服する」『月刊社会教育』一九九二年四月号、国土社、一八─二二頁。

鈴木敏正（一九九六）「地域社会教育の創造と不定形教育」日本社会教育学会編『現代社会教育の理念と法制』東洋館出版、一〇二─一一〇頁。

鈴木敏正（二〇〇三）『教育学をひらく』青木書店。

竹内常一（二〇〇〇）『教育を変える』桜井書店。

福尾武彦（一九九四）「今なぜ生涯学習の歴史か」福尾武彦・居村栄編『人々の学びの歴史　上』民衆社、一三─三四頁。

堀尾輝久（一九七一）『現代教育の思想と構造』岩波書店。

マルクス、K．（一九六三）真下信一他訳「フォイエルバッハにかんするテーゼ」『マルクス・エンゲルス全集第三巻』大月書店、三─五頁。

宮原誠一（一九五一）「社会教育入門」『宮原誠一教育論集第二巻』国土社、一六二─一八三頁。

宗像誠也（一九六一）『教育と教育政策』岩波新書。

矢川徳光（一九七三）『増補マルクス主義教育学試論』明治図書。

矢川徳光（一九七六）「子どもの発達と素質・能力・活動・人格」『講座日本の教育三』新日本出版社、三一─三五頁。

安川寿之輔（一九六九）「日本資本主義の発達と教育」『講座現代民主主義教育二』青木書店、三七─七三頁。

第2章　ルドルフ・シュタイナーの教育刷新思想と自由ヴァルドルフ学校の創設

遠藤　孝夫

はじめに

一九一九年九月、第一次世界大戦直後の混乱と荒廃の最中に、ドイツ南部の工業都市シュツットガルトにおいて、「自由ヴァルドルフ学校」(Freie Waldorfschule) は創設された。創設から約一世紀を迎えた現在、世界七〇か国以上に一千校（このうち、ドイツ国内には約二〇〇校）を越すまでに発展したヴァルドルフ学校（シュタイナー学校）は、エポック授業（周期集中授業）、芸術を重視した授業、教科書および管理職の排除に代表されるように、公立学校の教育に代わるオルタナティブ教育を提供する学校として、世界最大規模を誇っている。我が国では、子安美知子『ミュンヘンの小学生』(一九七五年) の出版を一つの大きな契機として、シュタイナー教育への関心が高まるとともに、学校開設も進められてきた。現時点での日本国内のヴァルドルフ学校数は八校で、このうち学校法人としての認可を受けた学校は二校となっている。

こうしたヴァルドルフ学校の世界的規模での注目と発展の一方では、「人智学」と名付けられたルドルフ・シュタイナー（Rudolf Steiner, 1861-1925）の思想そのものは、通常の論理的な思考の範囲を超越した神秘思想、端的には「オカルト」思想としてみなされ、とりわけ学術研究の対象として扱うことは回避される状況が続いてきた。ヴァルドルフ学校とその教育が脚光を浴びるのとは対照的に、この学校と教育の根底にあるシュタイナーの思想そのものは軽視ないし無視されてきたのである。教育学者の西平直が、「学校は歓迎され、思想は敬遠されている」（西平、一九九九、一二頁）と指摘したのは、まさにこうした特異な状況のことであった。ヴァルドルフ学校が十分な市民権を獲得した学校として定着するためには、ヴァルドルフ学校およびその教育実践とシュタイナーの思想の乖離状況を解消することが不可避の重要課題と言えるだろう。

先行研究の動向を見ると、近年、シュタイナーの初期思想に注目した研究が散見されるようになった（井藤、二〇一二；河野、二〇一一；野口、二〇一〇；今井、二〇一二。とりわけ、今井『シュタイナー『自由の哲学』入門』は小論をまとめる上で、大いに参考となった）。シュタイナーが人智学思想を確立し、人智学協会を拠点に活発な講演活動や社会活動を展開するようになるのは一九〇二年以降、シュタイナーの後半生のことであった。このことから、シュタイナーの思想的軸足は、一九〇二年頃を境として、それまでの純粋な哲学研究の立場から、神智学を経由して人智学思想の確立・普及活動へと大きく転換した、と一般的には考えられてきた。近年のシュタイナーの初期思想に着目した研究は、純粋な哲学研究（その代表的著作が一八九四年の『自由の哲学』）に邁進していた時期のシュタイナーの思想的内実は、後期の人智学思想にまで通底するものとして、シュタイナーの前期と後期の思想的一貫性を解き明かしつつある。ただし、これまでの研究は、あくまでシュタイナーの思想内容に限定した分析に終始しており、そこでは、社会三層化運動とそれと密接に連動した自由ヴァルドルフ学校の創設に象徴されるような、後期シュタイナーの社会実践活動が、若きシュタイナーのいかなる思想内容を基盤とするものであったのか、つまりシュタイナーの初期思想と後期の社会実践活動との連続性は十分に明らかにされていない。

本章は、上記のような課題意識と先行研究を踏まえ、シュタイナーの初期思想と後期の社会実践活動とを一貫性のある営みとして架橋しようと意図したものである。より具体的には、本章の課題は、シュタイナーの初期思想、特に『自由の哲学』とその前後の著作に刻印された「人間の自由への発達」を根底に持つシュタイナーの教育刷新思想を明らかにするとともに、一九一九年九月の自由ヴァルドルフ学校の創設は、社会三層化運動のなかで「人間の自由への発達」というシュタイナーの初期思想を具現化する行為であったことを読み解くことにある。

1　シュタイナーの《自由の哲学》と教育刷新思想

(1) シュタイナーの前期から後期への「転換」

冒頭で簡単に触れたように、ルドルフ・シュタイナー六四年の生涯は、主として哲学研究者として学問世界で着実に地歩を築いていた三〇代までの前半と、一九〇二年頃を境として学問世界から神秘思想の世界へと大きく「転換」し、人智学思想にもとづく講演活動と社会実践運動を推進した後半生とに二分して理解されることが多い（吉田、二〇〇八；柴山、二〇一一、など）。

ハプスブルク・オーストリア帝国領内のクラリエヴェクで鉄道技師を父親に生まれたシュタイナーは、実科学校を経てウィーン工科大学に入学した。ウィーン工科大学のシュレーアー教授の推薦で、シュタイナーは二一歳の時（一八八二年）、『ドイツ国民文学全集』のゲーテの部で、当時まで完全に無視されていたゲーテの自然科学論の編集・注釈者に抜擢された。このゲーテの自然科学論の「再発見」の仕事を契機として、シュタイナーはゲーテの自然科学論の根底にある認識論の探究に没頭することから、独自の思想の基盤を形成していった。以後、『ゲーテ的世界観の認識論要綱』（一八八六年）、『真理と学問』（一八九二年、博士論文）、『自由の哲学』（一八九四年）、さらに『ゲーテの世界観』（一八九七年）の刊行へと、二〇代から三〇代のシュタイナーは、新進気鋭の哲学研究者として着実な歩みを続けていた。

ところが、シュタイナーは一八九七年、一八九〇年から勤務していたゲーテ・シラー文書館（ワイマール）を辞め、活動の拠点をベルリンに移して、雑誌編集者や労働者教養学校の講師を務めるようになる。そして、シュタイナーは、一九〇二年には神智学協会のドイツ支部長となり、神秘思想団体の中心的な活動家として新たな歩みを始める。その後シュタイナーは、『神智学』（一九〇四年）、『神秘学概論』（一九一〇年）といった神秘思想に関する著作の刊行と講演活動を精力的に行うとともに、一九一三年には神智学協会から脱会して、新たに人智学協会を設立した。そして、第一次世界大戦によって欧州全体が大きな混乱状態にあるなかで、人智学思想を背景に持つ社会三層化論にもとづく社会実践活動を展開していった。

確かに、こうしたシュタイナーの経歴を概観すれば、一九〇二年頃を境として前半生と後半生と大きな違いがあるように見えてしまう。しかし、ここで注目したいのは、シュタイナーが、一九〇二年以降の人智学思想とその社会実践活動を展開していた時期に、初期思想を展開した自らの著作をどのように位置づけていたのか、ということである。シュタイナーは、第一次世界大戦末期の一九一八年、約四半世紀前の自らの著書『自由の哲学』の新版を刊行した。その際に、「はしがき」で次のように述べている。すなわち、「本書は、確かに或る面では、私の霊学上の著述とはまったく離れたところに立っているように見える。けれども別な面から言えば、本書はそれらの著述と、この上なく密接な関係を持っているとも言えるのである。だからこそ二五年経った今、本書の内容を本質的にはほとんどまったく変えることなく、再び出版することにしたのである。」（傍点は引用者。GA4, S.9：邦訳、一二頁）、と。つまり、表面的に眺めれば「まったく離れたところに立っているように見える」かもしれない『自由の哲学』と人智学思想（霊学）に関する著作が、実は「この上なく緊密な関係を持っている」事実をシュタイナー自身が確認しているのである。

同様のことは、シュタイナーの最初の著書である『ゲーテ的世界観の認識論要綱』（一八八六年）が、晩年の一九二三年に再版された際にも確認できる。そこで、シュタイナーは次のように述べているのである。すなわち、「今日この認識論を再び手にしてみると、それは、私がそれ以降語り、また出版した内容すべてについての認識論的基礎づけであり、その正当性を明白にするものであるように思われる。そこで語られている認識の本質は、感覚的世界から精神的世界へと通じる道を開くものである。」（傍点は引用者。GA2, S.11：邦訳、一二頁）、と。

こうしたことを踏まえれば、一九〇二年頃を境とするシュタイナーの思想・活動の表面上の「転換」にもかかわらず、ゲーテの自然科学論に沈潜するなかから獲得されたシュタイナーの初期思想（小論では端的に《自由の哲学》と表記）が、後半生で展開される人智学思想や社会三層化運動の思想的基盤として位置づけられていたと考えることができよう。それでは、若きシュタイナーが到達した《自由の哲学》とはいかなるものであったのか、次に検討してみよう。

（２）シュタイナーの《自由の哲学》

シュタイナー三三歳の著作である『自由の哲学』（一八九四年）は、彼の前半生における哲学および思索活動の集大成として重要なものである。本書の執筆意図について、初版第一章でシュタイナー自身が次のように明瞭に述べている。すなわち、「芸術としての哲学が人間の自由とどのような関係を持つのか、人間の自由とは何か、われわれは自由を持っているのか、あるいは自由になることができるのか、これらが本書の主要問題である。」(GA4, S.29：邦訳、二〇頁)、と。人間にとっての「自由」とは何か、を主題とするシュタイナーの問題設定の背景には、一九世紀の急速な自然科学の発達のなかで、人間までをも自然科学的な因果関係から捉える考え方、従って「自由」が入り込む余地のない物質主義的人間観が台頭している状況への強い危機意識があった。無機的な物質世界とは異なり、人間には「受動的に外から規定されるのでなく、外からの影響の下に、能動的に自らを規定していくもの」(GA2, S.102：邦訳、一〇〇頁) が存在する、との確信があった。

既に一〇代後半からこの危機意識を抱いていたシュタイナーが、自らの認識論の起点として集中的に取り組んだのはゲーテの自然科学論だった。「無機的な自然科学の方法を有機界にも適用しようとする要求を、ゲーテほど断固として退けた者もいない。」(GA,S.2：邦訳、一〇五頁) からである。ゲーテの自然研究の方法は、自然と人間、物質と精神の対立というカント哲学に代表される二元論に立脚するものではなく、むしろ自然と人間の対立を克服し、「自然への回帰」を可能とするものとして、シュタイナーは理解した。その際に、シュタイナーが特に注目したのは、自然や事物の「内奥で支えている高次の自然現実」を捉える「対象的思考」ないし「高次の直観能力」という人間の認識能力だった (GA271, S.22：邦訳、二八頁：GA271, S.20：邦訳、二七頁)。『自由の哲学』は、このゲーテの認識論から学び取った人間の高次の認識能力 (対象的思考) によって、直接的にはカント哲学の二元論的認識論をあくまでも哲学的手続きで論理的に克服することで、機械的な因果の法則を適用させる物質主義的人間観を超えるものとして、「能動的に自らを規定していくもの」としての「自由」の存在を証明しようとするものであった。

ここでは、『自由の哲学』における緻密な哲学的議論の末の結論として、シュタイナーが人間にとっての「自由」を最終的にどのように意味づけたのか、その要点のみを確認しておきたい。シュタイナーは、『自由の哲学』に先立ち、『ゲーテ的世界観の認識論要綱』の中でも既に、外的命令や強制に依らず、自らの思考と判断にもとづいて行動する自律的人間を人間の究極的目標として捉え、こうした人間を「自分自身の立法者」と表現していた。すなわち、シュタイナーによれば、人間は本来、冷徹な法則としての理想に従う存在なのではない。「私たちを行動へと駆り立てる力は私たちの外にあるものではなく、内にある。……人間は外側の、ある力から法則を受け取るのではない。人間は自分自身の立法者である。」(GA2, S.125：邦訳、一二一頁)。同様のことを、シュタイナーは、『自由の哲学』においては、人間の最も重要な内的本質である〈思考〉と関連づけて、次のように総括している。

「私は思考を通して、言い換えれば私の生体内に働く理念的なものの積極的な把握を通して、私自身を他の人から区別する。……ある行為が自由な行為と感じられるのは、その根拠が私の個体存在の理念的部分に見出せるときである。そうでない時の行為は、それが自然の強制によるものであろうと、倫理的規範が要求するものであろうと、すべて自由でないと感じられる。どんな瞬間にも自分自身に従える人間だけが自由なのである。」(GA4, S.137：邦訳、一八五頁)

もとより、人間は最初から「自分自身の立法者」、「どんな瞬間にも自分自身に従える人間」となる訳ではない。では、人間はいかにして「自由」な存在となるのか。シュタイナーは、人間を、「自由な存在」へと成長・発達する「可能性」を持つ存在であり、しかもその成長・発達は外部から方向づけられるものではなく、人間自身が自らを「内部から自由な存在につくり変える」必要があるとして、次のように述べている。

「人間という知覚対象が変化する可能性を持っているのは、例えば植物の種の中に植物全体にまで生長する可能性があるのと同様である。植物は自らの中の客観的法則に従って変化を遂げていく。人間は、自分の力で自分の内なる素材に変化を加えることができないとすれば、不完全な状態に留まり続ける。自然は人間から単なる自然存在をつくり出す。社会はその自然状態を規則に従って行動する存在にする。しかしその存在を内部から自由な存在につくり変えるのは、もっぱら自分だけなのである。自然は人間がある段階まで進化を遂げたとき、人間をその拘束から解放する。社会は人間の進化をさらに特定の段階にまで導く、けれども最後の仕上げをするのは人間自身なのである。」(GA4, S.141-142：邦訳、一九一頁)

二〇代から三〇代にかけての若きシュタイナーは、純粋な哲学研究に従事する過程で、自らの思考にもとづき行動できる自律的な人間、つまり外的基準や命令に追従する人間ではなく、「自分自身の立法者」としての「自由な存在」を人間の究極的あり方と捉え、しかも人間には自らを「内部から自由な存在につくり変える」だけの「可能性」があるとの思想を確立したことになる。シュタイナーの《自由の哲学》は、同時に人間形成論でもあったことは言うまでもない。このような初期シュタイナーにおける《自由の哲学》は、後述されるように、人智学思想とその社会実践活動へと活動の軸足を転換した後期においても、不変の思想として継承されていくことになる。

(3) シュタイナーの教育刷新思想

《自由の哲学》は、同時に人間形成論でもあったことから、シュタイナーは自由ヴァルドルフ学校を創設する数十年も前から、当時のオーストリアやドイツの教育と学校のあり方を痛烈に批判し、その抜本的改革の必要性を各種雑誌への寄稿論文のなかで繰り返し主張していた。ここでは、一八八〇年代から九〇年代の時期の雑誌寄稿論文にもとづきながら、若きシュタイナーの教育刷新思想を、①教育目的、②教師の資質、③国家の役割、この三つの角度から確認しておきたい。

①「自由への発達」としての教育目的

上述の通り、シュタイナーは、《自由の哲学》の思索のなかで、人間の究極的姿を「自分自身の立法者」である「自由な存在」と捉え、かつ個々人が「内的発展」を通して「自由な存在」へと成長する「可能性」を有する存在と考えた。こうした考え方から、シュタイナーは、自らの認識論を論じた一八九三年の雑誌論文のなかでは、「人間の自由への発達」(Entwicklung des Menschen zur Freiheit) は、「人間本性における個体の育成」に他ならないと述べ (GA30, S.68.)、個々の人間（子ども）がその内的な「本性」に即しながら、一個の自律的「個体」へと発達することを、教育の目的と考えていた。同様の趣旨のことは、一八九八年の雑誌記事においても、「我々は、成長途上の世代に対して主義・信条を伝達するという課題を有しているのではない。我々は、彼らを自ら固有の判断力、自ら固有の理解能力を活用する状態へと導くべきなのである。」(GA31, S.233-234.)、と確認されている。

この「人間の自由への発達」を教育目的とする考え方は、その後も一貫してシュタイナーの思想の中で継承された。このことは、シュタイナー晩年の一九二三年に行った講演の中で、「生における自己の方向を、自ら決断できる自由な人間を育成することこそ、ヴァルドルフ学校が最重要視している目的である。」(GA307, S.233.) と述べていることからも明らかであろう。

教育の目的を「人間の自由への発達」と位置づけ、子どもたちをそれぞれが「内的発展」の途上にある個々に異なる存在として考えたことから、シュタイナーは当時の教育界で流布していたヘルバルト学派の教授法を痛烈に批判することにもなった。シュタイナーによれば、「真の教育者にとっては、ヘルバルト学派が構築しようとする何かのような、普遍的な教育規準など存在しない。」なぜならば、「本物の教育者にとっては、全ての人間は一つの新たな存在であり、なお未知の存在であり、研究対象である。教育者は目の前の人間の本質から完全に個人的な原理を読み取り、その個人的な原理に沿いながらその都度教育すべきなのである。」(GA30, S.68.) シュタイナーは、こうした「人間の自由への発達」としての教育目的、さらに子どもを「完全に個人的な原理」から理解されるべき「未知の存在」と捉える立場から、当時の学校教育を根底から変革する必要性を考えていたことになる。

②子どもを深く理解する教師の資質

教育目的および子どもを以上のように捉えたことの当然の帰結として、シュタイナーはさらに、教師には「個々人を理解することができる能力」(GA30, S.68.) が不可欠であるとの立場から、当時の教員養成機関を痛烈に批判する雑誌記事も書いていた。一八八八年の雑誌記事で、シュタイナーは、当時のオーストリアの教員養成機関は「子どもを如何に処理するかが伝達される」だけの「一種の反復練習(ドリル)機関」と化し、そこでは、「上位当局が定める規則を実行する従順な官吏」としての教師が養成されている、と痛烈に批判した。シュタイナーによれば、教育の成否は「ただ一つ、教師になる若者の個性の育成」にあり、教師となる若者たちには「可能な限り自由に発達できるために、自由の余地が与えられなければならない。」(GA31, S.123.) のである。

さらに、一八九二年の雑誌記事では、教師を目指す若者が何よりも「人間の内面のより深い現れ」へと導かれ、子どもたちを「最も繊細な細部の点で理解する」ことができるようになることが必要であるとして、以下のように述べている。ここには、最晩年に至るまで、「より親密に人間の中へと入り込んでいくことができる人間認識」(GA309, S.23.) にもとづく教育の必要性を訴えたシュタイナーの教育思想の原点を確認することができる。

「未来の教師は人間の内面のより深い現れにまで導かれるべきである。そうすることで初めて、未来の教師は教育の正しい理念を持つようになる。そして未来の教師は、あらゆる教育活動の黄金律、つまり全ての生徒が個人として扱われるべきである、という黄金律を理解するようになる。そうすれば、あらゆる新しい人間の魂の研究にも喜びを見出すだろう。すべての個々の教育対象（子ども）に向けて、彼には新しい見方が生まれるようになり、自らの職業に最善を尽くすようになる。何故なら、彼は成長しつつある人間を、その最も繊細な細部の点で理解するからである。彼は子どもから何かをなすことを知るようになる。何故なら、彼は成長・発達すべき萌芽を認識するからである。もし彼が精神的営みの主だった事項しか知らないとすれば、彼の教育活動はこうるさく、機械的で平凡なものとなり、魂の繊細さ（それを彼は耳をそばだてて聞き取ることはできない）に即したものにはならないだろう。」(GA31, S.621-622.)

③国家の役割としての「自由への発達」の基盤整備

以上のように、人間個々人がその「内的発展」とそれに寄り添う教師の支援を通して「自由への発達」を実現することが必要と考えたシュタイナーは、さらに国家の役割に関しても、既にこの時期から、「人間の自由への発達」の「基盤」整備に限定する考えを有していた。すなわち、シュタイナーは当時のオーストリアの教育改革に関する一八八八年の雑誌記事の中で、「最悪のこと、それはこの硬直化の精神が、物事の生き生きとした見方が最も必要とされる領域、つまり教育制度へと適用される場合である。」と指摘し、「官僚主義的精神」が教育制度を支配している状況を痛烈に批判した（GA31, S.122.）。シュタイナーによれば、「国家が人間を自由にすることができるのではない。それができるのは教育だけである。」ことから、国家の役割は、「自由が成長できるための基盤」の整備に限定されるべきなのである（GA30, S.236.）。こうした若きシュタイナーの教育刷新思想には、第一次世界大戦終結前後から展開された社会三層化論の確かな萌芽を確認することができる。

では、以上のような若きシュタイナーの《自由の哲学》とそこでの教育刷新思想が、いかに現実の社会実践運動として具体化されていったのか、自由ヴァルドルフ学校の創設に焦点づけて検討してみよう。

2　自由ヴァルドルフ学校の創設

(1)　社会三層化運動の展開

一九一四年夏に勃発し、史上初めての「総力戦」となった第一次世界大戦は、一九一八年秋にはドイツ敗北が決定的となった。同年一一月四日のキール軍港での水兵反乱を契機に、ドイツ各地では戦争の終結と体制変革を求めて民衆が蜂起すると、ドイツ皇帝（プロイセン国王）をはじめとする旧支配権力は瓦解して、代わりに兵士と労働者で構成された労兵評議会が権力を掌握していった。いわゆる一一月革命である。以後、ドイツの中央も各州でも社会民主党（SPD）を中核とする政府が樹立されていったが、首都ベルリンでのドイツ共産党（スパルタクス団）の武力蜂起（一九一九年一月）、ヒトラーらによるミュンヘン一揆（一九二三年一一月）に象徴されるように、政治情勢はきわめて不安定であった。しかも、戦後の驚異的なインフレーションの進行と失業者の急増により、社会生活もまた大きな混乱状態にあった。

こうした第一次世界大戦に伴う政治的・社会的大混乱の最中、既に一九一三年に人智学協会を樹立し、ドルナッハ（スイス）を拠点に活動していたシュタイナーは、「社会三層化論」による社会変革を熱心に説くとともに、その具体化に向けた実践活動も展開していった。シュタイナーが説いた社会三層化論とは、社会混乱の要因を、政治・法的領域、経済領域、そして精神・文化領域が混然一体化し、それぞれの領域が固有の原理にもとづく固有の役割を果たせなくなったことに求め、これら三つの領域を分節化した社会構造を構築する必要性を主張したものである（GA23）。

シュタイナーはこの社会三層化論の提唱のなかでも、とりわけ政治領域と経済領域に支配されたことで貧弱化した、精神・文化領域の再建を極めて重要視していた。すなわち、シュタイナーによれば、「われわれの公共生活の混乱は、このような仕方で精神生活が国家と経済とに依存していることによる」ものであり、「この依存から精神生活を解放することが、極めて緊急な社会問題の一部を構成している」（GA23, S.9：邦訳、ⅷ頁）。しかも、シュタイナーが学校教育を含む精神・文化領域の自律化を重要視した背景には、労働者階級（プロレタリアート）をめぐる問題の解決は、社会主義革命や生産手段の社会化によっては実現しない、との認識があった。なぜならば、労働者階級が必要としているのは「人間の尊厳の意識を与えてくれるような精神生活」（GA23, S.50：邦訳、二四頁）だからである。

一九一八年の一一月革命の前後から、シュタイナーが各種の講演会や著作を通じて精力的に社会三層化論を説き始めると、敗戦後の大混乱のなかから次第にその思想に共鳴する人々の輪が広がりを見せていった。とりわけ、工業都市シュトゥットガルトを中心とするヴュルテンベルク州では、多くの労働者、企業家、知識人までも参画した「社会三層化運動」へと発展していった。このシュトゥットガルト周辺での社会三層化運動の中心的推進者の一人が、ヴァルドルフ・アストリア煙草会社の社長で人智主義者のエミール・モルトであった。

モルトは、一九一八年一一月上旬に、ドルナッハでのシュタイナーの講演会に参加、その社会三層化論に深く共鳴した。翌年一月には、モルトとシュタイナーは会合の機会を持ち、社会三層化に向けた運動の準備について相談を行ったばかりではなく、既にこの時点で新しい「自由学校」設置についても協議していた（Schmerzer, 1991, S.125.）。一九一九年三月には、シュタイナー起草による「ドイツ国民とドイツ文化界に告ぐ」と題されたアピールが、シュツットガルトの新聞紙上で公表された。このアピールには芸術家や文化人、政治家など約二〇〇名が署名をしており、そのなかには後年ノーベル文学賞を授与されるヘルマン・ヘッセや著名な教育学者のパウル・ナトルプも名を連ねていた。さらに四月になると、「社会三層化連盟」がシュツットガルトで設置されて、社会三層化運動はいよいよ本格的な展開を見せていった。時を同じくして、シュタイナーは四月下旬から約一ヶ月間、シュツットガルトを拠点に労働者向けの講演会や集会に出向いて（ヴァルドルフ・アストリア煙草工場も含む）、社会三層化の必要性を訴える活動を展開した。同年五月になると、シュタイナーをヴュルテンベルク州政府に招聘して、社会三層化を実現すべきことを要求する決議が、労働者を含む一万二千人もの賛同者を得て採択されている（Schmerzer ,1991, S.159.）。

大きな国民運動として盛り上がっていた社会三層化運動であったが、同年六月頃を境に急速に衰退していった。背景には、企業経営者側のみならず、党派的利害を優先する組合指導部からも、社会三層化運動への非難と圧力が加えられたことがあった。加えて、シュタイナー及び社会三層化運動に対する極右勢力からの攻撃もあった。特に、ナチ党の前身組織であるドイツ労働者党（一九一九年一月結成）の創始者の一人ディートリヒ・エッカルトは、「シュタイナーはユダヤ人である」として、扇動的なシュタイナー攻撃を行っている（Werner ,1999, S.7.）。

かくして、シュツットガルトを拠点とした社会三層化運動は、左右両翼からの非難と圧力により急速に支持者を失い、挫折を余儀なくされた。しかし、社会三層化論のなかでシュタイナーが最も重要視していた精神生活の再建の点では、大きな成果を残すこととなった。一九一九年九月の自由ヴァルドルフ学校の創設である。そこで、次に、シュタイナーが社会三層化運動の展開過程で主張し、自由ヴァルドルフ学校の創設として具体化された学校教育の刷新構想を検討することとする。

（2）社会三層化運動の只中での学校教育の刷新構想

後述の通り、自由ヴァルドルフ学校の設置に向けたモルトらの動きは、社会三層化運動と同時並行的に行われていた。一九一九年九月の学校開設を目前に控え、シュタイナーは八月後半から九月初旬までの二週間、教師予定者のために教育講習会を実施している。この教育講習会の数日前には、シュタイナーはドルナッハにおいて「社会問題としての教育問題」と題する六回の講演を実施した。このドルナッハでの講演のなかでシュタイナーは、「本当に未来を社会的に構成したいと思うのであれば、人間の教育を通して準備したいと考える必要がある」として、学校教育の刷新による社会改革の必要性を指摘した。そのうえで、シュタイナーは、現在の学校教育が「精神の機械化、魂の植物化、身体の動物化」をもたらしているとして、「私たちの教育の基本原則は根本的に変わる必要があります。」(GA296, S.49-50：邦訳、九七―九九頁) と指摘している。

では、シュタイナーは学校教育の「基本原則」をどのように「根本的に」変革しようと構想していたのだろうか。ここでは、一九一九年八月に、週刊雑誌『社会有機体の三層化』に発表された論文「自由学校と社会三層構造」に依拠して、シュタイナーによる学校教育の刷新構想を確認してみたい。まず、シュタイナーは、社会三層化論とも密接に関連しつつ、精神・文化領域に属する学校が、国家・政治領域と経済領域によって支配されている現状を、次のように批判する。「国家は、学校制度を宗教団体から取りあげてしまった後に、完全に自分の支配下に収めてきた。あらゆる段階の学校は、国家が必要としている仕事のために使えるように人間を教育しているのである。」(GA24, S.36：邦訳、九二―九三頁）こうした学校で教育される子どもたちは、「自分達の内面的な力の源泉とはなり得ない世界観の中に無理やり押し込まれ、自己を偽ってそれに順応させられる」ことの結果、「魂の空虚な存在」となってしまう（GA24, S.41：邦訳、九八頁)。この状況は、前述したシュタイナーの初期思想を想起すれば、個々人が固有の「内的発展」を通して「自由な存在」へと成長することが阻害された状態を指していることになる。そこで、シュタイナーは、「我々の社会生活を新しく構築するためには、独立した教育制度を設立する力が獲得されねばならない。」として、国家及び経済界から支配されない、「独立した教育制度」を構築する必要性を強調する。こうした国家及び経済界から独立した学校によって初めて、「一人一人の人間の魂の中に住む自由な精神が、それぞれの個性の中で、それぞれに可能な限り力強く、人生の導き手となる可能性が生み出される」からである（GA24, S.43：邦訳、一〇〇頁)。

その上で、シュタイナーは、社会三層化論の考え方とも連動して、「学校を完全に自由な精神生活に根差したものとする」ためには、「現在とは全く違った基準と感覚とを必要とする。」(GA24, S.37-39：邦訳、九四―九五頁）として、二つの基本原則を提唱する。すなわち、第一に人間（子ども）認識にもとづく教育の原則である。「教えられ、教育されるべき内容は、成長していく人間とその個々の素質との認識からのみ得られたものでなければならない。」現在の学校教育がそうであるように、「現在の秩序を保つために何を知り何ができなければならないか」ではなく、「育ち行く人間の中に何が素質として備わっているのか、この人間の中で何を展開し成長させてやることができるか」が学校教育の基盤とならなければないのである（GA24, S.37：邦訳、九四頁)。この人間（子ども）認識に基づく教育の原則は、この論文発表の直後に創設された自由ヴァルドルフ学校において、国家が定める規則には従わない、独自のカリキュラム内容として具体化されていった。

加えて、シュタイナーはもう一つ重要な基本原則として、学校の自主管理の原則を指摘した。すなわち、シュタイナーによれば、「教育施設の管理運営や、教育課程および教育目標等は、授業を行っている人々、ないしは精神生活の分野で生産的に活動している人々の手立てで行われなければならない」(GA24, S.41-42；邦訳、九八頁)、という。つまり、子どもの教育活動に従事している教師たちが「自分の時間を、授業ないしそれ以外の精神的創造活動と、教育組織の管理運営とに配分すべきである。」(GA24, S.42；邦訳、九九頁) として、管理職を置かずに、何者にも支配・統制されない、対等な立場の教師集団によって学校を運営するという画期的ともいうべき学校運営方式を構想していたのである。それは、シュタイナーによれば、「育ちゆく人間は、国家と経済界から独立している教育者および教師の力によって成長してゆくべき」であり、「そのような自律している教師のみが、個々の人間の能力を自由に展開させていくことができる」(GA24, S.39；邦訳、九六頁) からなのである。ここでシュタイナーが構想した学校の自主管理の原則は、同様に自由ヴァルドルフ学校において、校長等の固定的な管理職を置かず、教師集団による合議制による学校の管理・運営体制として具体化されていく。

(3) 自由ヴァルドルフ学校の創設とその意味

前述したように、シュタイナーの社会三層化論に深く共鳴した、ヴァルドルフ・アストリア煙草会社の社長エミール・モルトは、シュツットガルトを拠点に社会三層化運動の中心人物となった。同時にモルトはヴュルテンベルク州で最初の「経営協議会」を自らの会社に設置して、労働者を経営に参画させる制度を導入、工場内新聞として「ヴァルドルフ通信」の発行、「労働者教育講座」の開催など、労働者の精神生活の改善にも尽力していった (Schmerzer,

1991, S.109-112.)。

モルトは一九一九年一月二五日と二七日のシュタイナーとの会合を契機に、シュタイナーの構想にもとづく新しい学校設立に向けた準備を加速させた。モルトは、シュタイナーとの会合直後に、ヴュルテンベルク州のハイマン文相（ＳＰＤ）と学校設立に向けた予備的交渉を行っている。さらに、モルトは四月には、後に自由ヴァルドルフ学校の中心的教師となるカール・シュトックマイヤーをマンハイムから招聘している。こうした準備の後、五月一三日には、モルト、シュタイナー、そしてシュトックマイヤーがハイマン文相を訪ねて、学校設置の具体的な協議を行った。協議に同席した文部省参事官のライネールは、「私は商業顧問官モルトとシュタイナー博士が文部省を訪ねてきた時のことを、今でもまざまざと覚えている。そして、この二人が新しい学校の理念に込めた確信と情熱とを今でも思い起こす。」、と回想している（Leber, 1974, S.21.）。この回想からは、シュタイナーとモルトが並々ならぬ決意と迫力で文部省協議に臨んだことを窺うことができる。協議に際してシュタイナーは、上述した新しい学校の教育方針は国家が定める諸規則ではなく、あくまで子どもの内的本質の認識にもとづくべきことを主張したが、同時に設置に向けては一定の妥協の必要性も認識していた。協議の結果、教育内容及び方法に関しては、三学年と六学年と八学年の終了時点で公立学校の教育目標を達成していることを条件に、学校側が自由に編成できる自律性が確認された。また、教師の資格に関しては、教師候補者の教育歴・経歴から教師として適任であることは示す必要があるが、通常の教員資格や能力の審査は不要であることも確認された。若きシュタイナーが《自由の哲学》の思索のなかで抱いていた教育刷新思想及び社会三層化運動の最中での学校教育の刷新構想は、シュツットガルトを拠点とする社会三層化運動が最盛期を迎えた五月一三日に具体化に向けて大きな一歩を踏み出したことになる（Schmerzer, 1991, S.232.）。

六月にはモルトの個人資産を捻出して、新しい学校の建物と土地に充てるために、ウーラント丘のレストランとその周辺土地が購入されている。七月一八日付で、学校設置の暫定的認可が下りた。なお、正式な設置認可は文部省による学校査察を経て、一九二〇年三月八日付で交付されている（Esterl,2006, S.53-56.）。さらに八月二一日から九月五日までの二週間、新しい学校の教師予定者に対するシュタイナーの教育講習会が行われた。こうした準備作業を経て、九月七日、シュツットガルトの市民公園ホールにおいて、関係者約千人が集まり、自由ヴァルドルフ学校の開校祝賀会が盛大に催され、九月一六日からは最初の生徒二五六人に対して一二名の最初の教師たちの手で授業が開始された。

最後に、以上のような経緯で創設された自由ヴァルドルフ学校が、シュタイナーの初期思想との関連からいかなる意味を有していたのかを確認しておきたい。シュタイナーは、学校創設から約一か月後の一九一九年一〇月下旬、チューリヒで社会三層化論に関する連続講演を行っている。その中でシュタイナーは、社会改革のなかでの精神生活の刷新の重要性について語った一〇月二八日の講演では、以下の引用の通り、現在取り組んでいる社会三層化運動が、『自由の哲学』に集約される自らの初期思想、つまり先に確認した「人間の自由への発達」の思想を社会生活の中で具体化しようとしたものであることが明確に述べられている。

「人間とは何かを知るためには、人間の究極の目標を知らねばなりません。たしかに人間の本性の一部分は遺伝されて存在しますが、人間はその体的本性が備えていない別の本性をも、自分自身のなかから生じさせることができるのです。自分の内部でまどろんでいる人間を目覚めさせることによってです。ですから、「人間は自由か」ではなく、「内的発展を通して、私は自由な存在になることができるのか」と問うべきなのです。

人間が自由になりうるのは、自分のなかにまどろんでいるもの、目覚めさせて自由にすることのできるものを、自分のなかに育て上げたときなのです。言い換えれば、人間にとっての自由は、生まれたときから与えられているものではありません。それは自分のなかから目覚めさせることによって可能となるものなのです。『自由の哲学』のなかで論じた事柄を広く社会生活にも役立たせるために、私の人智学的に方向づけられた霊学を『自由の哲学』の基礎の上にさらに築き上げ、人間は自分の力で霊的な発展を遂げることができる、そうすることで自分なかにまどろんでいる霊性を目覚めさせることができる、ということを明らかにしようと努力してきました。」(GA332a, S.122：邦訳、一〇八―一〇九頁)

シュタイナーは、このように指摘した後で、『自由の哲学』の延長線上にある「霊学」(人智学思想を指す)が最も実り豊かな働きをすることができ、社会の未来を考えるうえで「特別に重要な領域」が教育分野であるとした上で、「今年の九月に、社会三層化の意味で創設された自由ヴァルドルフ学校」(GA332a, S.133.)に言及している。このように見てくれれば、社会三層化論とその運動が、シュタイナーの初期思想の延長戦上にあるものであったばかりでなく、自由ヴァルドルフ学校の創設こそが、「人間の自由への発達」を通して、「自分自身の立法者」である人間を育成することを希求し続けたシュタイナーの思想全体を最も明瞭に具現化する行為であったと言えるだろう。

おわりに

以上の考察により、一九一九年九月の自由ヴァルドルフ学校の創設が、社会三層化運動の最も重要な行為であるとともに、「人間の自由への発達」という、シュタイナーがその晩年に至るまで持ち続けた初期思想を具現化するものであったことが明らかとされた。最後に、自由ヴァルドルフ学校が創設される四半世紀前、三三歳のシュタイナーが『自由の哲学』のなかで述べていた文章を引用して本章の結びとしたい。この文章には、人間が、いわば〈自然の作品〉や〈社会の作品〉の段階から、〈自分自身の作品〉、つまり「自由な存在」となることを希求し続けたシュタイナーの思想が端的に示されている。自由ヴァルドルフ学校は、人間認識と自主管理の基本原則の下での教育活動を通して、「人間の自由への発達」を実現する精神生活の場として創設されたのである。

「植物は自らの中の客観的法則に従って変化を遂げていく。人間は、自分の力で自分の内なる素材に変化を加えることができないとすれば、不完全な状態に留まり続ける。自然は人間から単なる自然存在をつくり出す。社会はその自然状態を規則に従って行動する存在にする。しかしその存在を内部から自由な存在につくり変えるのは、もっぱら自分だけなのである。自然は人間がある段階まで進化を遂げたとき、人間をその拘束から解放する。社会は人間の進化をさらに特定の段階にまで導く、けれども最後の仕上げをするのは人間自身なのである。」(GA4, S.141-142；邦訳、一九一頁)

参考文献

青柳亮子（一九九九）「ルドルフ・シュタイナーの教師教育―シュタイナーの教師観とヴァルドルフ・アストリア校における教師教育―」『一橋研究』第二四巻第三号、三一―四八頁。

池内耕作（一九九七）「ヴァルドルフ教育を支えるR・シュタイナーの教師観」『日本教師教育学会年報』第六号、五八―七六頁。

井藤　元（二〇一二）『シュタイナー『自由』への遍歴　ゲーテ・シラー・ニーチェとの邂逅』京都大学学術出版会。

今井重孝（二〇一二）『シュタイナー『自由の哲学』入門』イザラ書房。

遠藤孝夫（二〇〇二）「シュタイナーの社会三層化運動と自由ヴァルドルフ学校の創設―人間認識に基づく教育と学校の自律性―」『弘前大学教育学部紀要』第八五号、一八五―一九九頁。

遠藤孝夫（二〇一〇）「シュタイナー学校の教員養成システムに関する研究―歴史的展開とボローニャ・プロセスに伴う再編―」『岩手大学教育学部附属教育実践総合センター研究紀要』第九号、四五―六三頁。

遠藤孝夫（二〇一二）「シュタイナーの教員養成論と《芸術による覚醒》」大坪正一・福島裕敏・平田淳編著『学校・教員と地域社会』東信堂。

遠藤孝夫（二〇一三）「ヴァルドルフ教員養成の公的地位獲得と教員養成の国家独占の否定」『教育学研究』第八〇巻第一号、三九―五一頁。

遠藤孝夫（二〇一六）「ナチズム体制下におけるヴァルドルフ学校の基礎的研究」『岩手大学教育学部附属教育実践総合センター研究紀要』第一六号、四一―五九頁。

河野桃子（二〇一一）「前後期シュタイナーを貫く『世界自己』としての『私』という視点―シュタイナーのシュテルナー解釈に見られる倫理観に着目して―」『教育哲学研究』第一〇四号、七七―九五頁。

北村三子（一九九八）「〈思考〉を見直す―自然認識に関するルドルフ・シュタイナーの試み―」『駒澤大学教育学研究論集』第一四号、五―三三頁。

柴山英樹（二〇一一）『シュタイナーの教育思想』勁草書房。

野口孝之（二〇一〇）「ルドルフ・シュタイナーの初期哲学」『東京大学宗教学年報』第二八号、一五九―一七六頁。

西平　直（一九九九）『シュタイナー入門』講談社。

広瀬俊雄（一九八八）『シュタイナーの人間観と教育方法』、ミネルヴァ書房。

吉田武男（二〇〇八）『シュタイナーの人間形成論』学文社。

Deuchert, N.（1987）. Die Begründung der Waldorfschule im Kontext der sozialen und kulturellen Erneuerung nach dem Ersten Weltkrieg. In O. Hansmann（Hrsg.）. *Pro und Contra Waldorfpädagogik Akademische Pädagogik in der Auseinandersetzung mit der Rudolf-Steiner-Pädagogik*. Königshausen + Neumann. 1987.

Esterl, E. *Die erste Waldorfschule Stuttgart・Uhlandshöhe 1919 bis 2004 Daten・Dokumente・Bilder*. Stuttgart: edition waldolf. 2006.

Götte, W.(2006). *Erfahrungen mit Schulautonomie. Das Beispiel der Freien Waldorfschulen*. Verlag Freies Geistesleben.

Kiersch,J.(1978). *Freie Lehrerbildung. Zum Entwurf Rudolf Steiners*.Verlag Freies Geistesleben.

Leber, S.(1974). *Die Sozialgestalt der Waldorfschule Ein Beitrag zu den sozialwissenschaftlichen Anschauungen Rudolf Steiner*s, Verlag Freies Geistesleben.

Leber, S.(1982). *Die Waldorfschule im gesellschaftlichen Umfeld Zahlen, Daten und Erläuterungen zu Bildungslebensläufen ehemaliger Waldorfschüler.* Verlag Freies Geisteleben.

Schmerzer,A.(1991). *Die Dreigliederungsbewegung 1919. Rudolf Steiners Einsatz für den Selbstverwatungsimpul*s. Stuttgart:Verlag Freies Geistesleben.

GA2: Steiner, R. *Grudlinien einer Erkenntnistheorie der Goetheschen Weltanschauung, mit besonderer Rücksicht auf Schiller*(1886). Taschenbuchausgabe. Rudolf Steiner Verlag, 1961. 浅田豊訳（一九九一）『ゲーテ的世界観の認識論要綱』筑摩書房。

GA4: Steiner, R. *Die Philosophie der Freiheit Grundzüge einer modernen Weltanschauung –Seelische Beobachtungsresulte nach naturwissenschaftlicher Methode*(1984). Taschenbuchausgabe. Rudolf Steiner Verlag, 1967. 高橋巌訳（一九八七）『自由の哲学』イザラ書房。

GA6: Steiner, R. *Goethes Weltanschuung*（1897). Rudolf Steiner Verlag, 1990. 溝井鷹志訳『ゲーテの世界観』晃洋書房、一九九五年。

GA9: Steiner, R. *Theosophie. Einführung in übersinnliche Welterkenntnis und Menschenbestimmung*（1904). Rudolf Steiner Verlag. 1987. 高橋巌訳『神智学』イザラ書房、一九八八年。

GA23: Steiner, R. *Die Kernpunkte der Sozialen Frage in den Lebensnotwendigkeiten der Gegenwart und Zukunft*（1919). Rudolf Steiner Verlag, 1976. 高橋巌訳『シュタイナー社会問題の核心』春秋社、二〇一〇年。

GA24: Steiner, R. *Aufsätze über die Dreidliederung des sozialen Organismus und zur Zeitlage 1915-1921*. Rudolf Steiner Verlag 1992. 河西善治編『精神科学と社会問題』人智学出版社、一九八六年。

GA30: Steiner, R. *Methodische Grundlagen der Anthroposophie Gesammelte Aufsätze zur Philosophie, Naturwissenschaft, Ästhetik und Seelenkunde 1884-1901*. Rudolf Steiner Verlag 1989.

GA31: Steiner, R. *Gesammelte Aufsätze zur Kultur- und Zeitgeschichte 1887-1901*. Rudolf Steiner Verlag, 1989.

GA271: Steiner, R. *Kunst und Kunsterkenntnis Grundlagen einer neuen Ästhetik*. Rudolf Steiner Verlag. 1985. 高橋巖訳（二〇〇四）『芸術の贈りもの』筑摩書房。

GA293: Steiner, R. *Allgemeine Menschenkunde als Grundlage der Pädagogik*. Rudolf Steiner Verlag, 1992. 高橋巖訳（一九八九）『教育の基礎としての一般人間学』筑摩書房。

GA296: Steiner, R. *Die Erziehungsfrage als soziale Frage Die spirituellen, kulturgeschichtlichen und sozialen Hintergründe der Waldorfschul-Pädagogik*. Rudolf Steiner Verlag 1991. 今井重孝訳（二〇一七）『社会問題としての教育問題』イザラ書房。

GA302a: Steiner, R. *Erziehung und Unterricht aus Menschenerkenntnis Neun Vorträge für die Lehrer der Freien Waldorfschule in Stuttgart 1920, 1922 u. 1923*. Rudolf Steiner Verlag. 1993.

GA307: Steiner, R. *Gegenwärtiges Geistesleben und Erziehung. Vierzehn Vorträge, Ilkler/England 5. bis 17. August 1923*. Rudolf Steiner Verlag 1986. 佐々木正昭訳（一九八五）『現代の教育はどうあるべきか』人智学出版社。

GA308: Steiner, R *Die Methodik des Lehrens und die Lebensbedingungen des Erziehens*. Rudolf Steiner Verlag. 1986.

GA309: Steiner, R. *Anthroposophische Pädagogik und ihre Voraussetzungen*. Rudolf Steiner Verlag. 1981.

GA332a: Steiner, R. *Soziale Zukunft Sechs Vorträge mit Fragenbeantwortungen, Zürich 24. Bis 30. Oktober 1919*. 高橋巖訳（二〇〇九）『社会の未来―シュタイナー１９１９年の講演録』春秋社。

Werner, U.(1999). *Anthroposophen in der Zeit des Nationalsozialismus (1933-1945)*. R.Oldenbourg Verlag.

〈付記〉小論は、次の拙稿を一部修正の上、再論したものである。「ルドルフ・シュタイナーの《自由の哲学》と自由ヴァルドルフ学校の創設」、『岩手大学教育学部附属教育実践総合センター研究紀要』、第一六号（二〇一八年）。

第3章　カナダにおける教育の「州自治」・地方自治と政治的中立性

平田　淳

はじめに

カナダは一〇の州（provinces）と三つの準州（territories）から成る連邦国家であり、教育に関する第一次的管轄権限は州政府にある。「カナダ州教育担当大臣協議会（Council of Ministers of Education, Canada: CMEC）」という組織は存在するが、あくまで州政府間の連絡調整や国家規模での学力テストである「汎カナダ学力調査プログラム（Pan-Canadian Assessment Program: PCAP）」を実施したりするものであって、各州政府に対して何らかの指示などをするものではなく、また連邦政府内の省庁という位置づけでもない。各州政府において教育行政を担当するのは教育相（Minister of Education）及び教育相が統括する教育省（Ministry of Education あるいは Department of Education、州によって異なる）であり、地方教育行政機関としては教育委員会（多くの場合は school boards と呼称されるが、州によって異なる）が設置されており、教育委員（多くの場合は trustees と呼称されるが、school board members と規定する州もあり、様々である）は住民の直接公選制を基本としている。教育委員会は州教育省が設定する範囲内で、地域のニーズを反映しながら管轄下の学校を管理運営することとされている。他方で、いくつかの州においては、教育委員会がその職務を果たしていないと判断されるなど一定の要件の下、州教育相には官選教育委員（official trustees）を任命することによって教育委員を失職させ、官選教育委員にその職務を担わせる権限が付与されている。つまり、州教育相は教育委員会に対して法令上優位な地位を占めている。

ところで、カナダでは連邦レベルでも州レベルでも議院内閣制を採用しており、議会で多数派を形成する政党のリーダーが首相となって内閣を率い、通常は同じ政党に所属し議会選挙で当選した議員を各省大臣に選出することになる。その意味で、教育相には間接的ではあるが一定程度の民意の裏付けはある。他方で、上述の通り教育委員も地域住民によって選出されている。そこでは州政府の方針と教育委員の方針、ひいては地域住民の教育意思が異なる場合がある。その場合、上述の通りいくつかの州においては教育相が官選教育委員を任命することによって教育委員を失職させ、官選教育委員に州の方針を実施させることができる。

とはいえ、一般論としては、住民によって直接選出された教育委員を安易に失職させることには抑制的でなければならない、ということは言えるだろう。しかし二〇一六年一〇月、ブリティッシュ・コロンビア（以下、「ＢＣ」）州の教育相が実際に官選教育委員を任命することによりバンクーバー教育委員会（Vancouver School Board、以下「ＶＳＢ」）の教育委員九名全員を失職させるに至った。教育委員失職の理由としては、ＶＳＢが期日までに予算案を採択しなかったこと、教育委員会内での人間関係の悪化から休職する職員が出たこと、州の政権与党とＶＳＢ教育委員を支援する団体の政治的立場が異なること、などが指摘されている（Globe and Mail, 2016, October 21）。ここからは、「教育の地方自治」と「教育の政治的中立性」という二つの問題をカナダ的文脈の中でどう理解するかという視点が浮かび上がってくる。

そこで本章は、カナダ諸州において「教育相が教育委員を失職させる権限を有することは『教育の地方自治』という観点からどう評価されるのか」、また「選挙によって選出された州議会議員である教育相の方針と住民のニーズを体現する形で選出された教育委員の意思決定が相反する場合、教育行政上の意思決定と政治的意図の関係は『教育の政治的中立性』の視点からどのように理解されるのか」について検討することを目的とする。日本では、遡ると一九四八年に制定された「教育委員会法」によって設けられた教育委員会制度においては、教育委員の公選制を採っていた。しかし、一九五六年の「地方教育行政の組織及び運営に関する法律」(以下、「地教行法」)の制定によって教育委員の選出方法は首長による任命制となった。また二〇一四年の地教行法改定により教育委員会制度が改編され、首長による教育長の任命や「総合教育会議」の主宰、「大綱」の策定等が制度化されたが、この法改定により政治家である首長の教育意思がより直接的に地方教育行政のあり様に反映されるようになったとされる。こうした改革においては、教育委員会制度と「政治的中立性」のあり様が議論の一つとなっていた。また、二〇〇六年の教育基本法改定を受けて翌二〇〇七年に地教行法が改定され、第五〇条に文部科学大臣が教育委員会に対し是正を指示することができる規定が設けられたが、これは「教育の地方自治」をどう理解するのかに関わっている。本研究はこういった日本におけるこれまでの教育行政改革をどう捉えるのかについて、一つの視点を提示することができるものと思われる。

1　カナダの「憲法」と「教育の州自治」

カナダにおける教育行政権限の所在に関する最も基本的な法令規定は、憲法に求められる。ただし、カナダの「憲法」については、その制定プロセスや形態が多少複雑である。まずは一八六七年にイギリス議会において制定された「一八六七年英領北アメリカ法（British North America Act, 1867）」（以下、「ＢＮＡ法」）がカナダ連邦の基本的なあり様を定める法律として存在していた。その後、一九八二年には「一九八二年憲法法（Constitution Act, 1982）」が制定された。そして「カナダ憲法」とは、一九八二年憲法法第五二条（２）において、一九八二年憲法法、それと同時に制定された「権利及び自由に関するカナダ憲章（Canadian Charter of Rights and Freedom）」（以下、「カナダ憲章」）という権利章典、および一九八二年憲法法第五二条（２）（ｂ）およびこれにもとづく付則にある三〇に上る法令から構成される、と規定されている（松井、二〇一二）。そしてその付則の項目１において、いくつかの修正や削除はあるものの、ＢＮＡ法を「一八六七年憲法法（Constitution Act, 1867）」と改称し、これを「カナダ憲法」の一部と位置づけることが規定されている（セイウェル、一九九四）。つまり、カナダでは今でも「日本国憲法」のように「憲法」という名称がついた単独の成文憲法（憲法典）は存在しない（松井、二〇一二）。そして一八六七年憲法法第九三条は「各州において、州立法者は、以下の条件[1]の下で教育に関して専属的に法律を制定することができる。」と規定し、教育に関する「州自治（provincial control）」を明確にしている（セイウェル、一九九四）。ただし、ここでの「専属的に」には州政府の「連邦政府からの自律性」と「教育委員会に対するコントロール」という二つの意味がある。

2 「教育の州自治」の含意―「教育の地方自治」と関わって―

（1）教育の州自治と連邦政府の関与

教育を憲法上州の管轄事項とした理由は、連邦カナダ結成時にまで遡る。小林（二〇〇三）によると、一八六七年の連邦成立時、連邦に加盟した植民地州ではすでにその地域に適応した学校教育制度や慣習が根付いていた。そのため連邦政府は、州の独自性を無視して中央集権的な教育制度を無理に確立することはせず、既成状況を取り込んだ制度を選んだのであり、その結果が教育の州自治制度であるということである。特に現在のケベック州は唯一のフランス語・文化圏であり、他地域に比べても特にその事情が特殊であったため、これを考慮する必要があったのである。

一六世紀にカナダに最初にやってきたヨーロッパ人はフランス人のジャック・カルティエ（Jacque Cartier）であり、一五三四年から一五三六年にかけて三度にわたりフランス王フランソワ一世（François 1er）の命でセントローレンス湾周辺からセントローレンス川を遡って探検し、現在のモントリオールにまで至った。一六〇八年にはサミュエル・ドゥ・シャンプラン（Samuel de Champlain）がケベック（ヌーヴェル・フランス）を創設し、それ以降現在のケベック州とオンタリオ州にあたるこの地がフランスの植民活動の拠点となっていった（竹中、二〇一〇；平田、二〇一七）。このころイギリスも北米大陸に植民地を拡げており、イギリスとフランスは幾度か戦火を交えた。最終的には一七六三年のフレンチ・インディアン戦争においてイギリスが勝利を収め、同年のパリ条約（Paris Treary）によってヌーヴェル・フランスはイギリスの植民地となり、ケベック植民地と呼ばれるようになったが、フランス系住民の権利は、その後も一方の建国の民として維持された。そして一七九一年には、立憲条令（Constitutional Act、カナダ法）によってケベック植民地はセントローレンス川上流のアッパー・カナダ（Upper Canada、現在のオンタリオ州）植民地と下流のローワー・カナダ（Lower Canada、現在のケベック州）植民地に分割されることとなったが、アッパー・カナダにはイギリス人が、ローワー・カナダにはフランス人が多く集住していた（細川、二〇〇七；平田、二〇一七）。

ローワー・カナダ植民地では一八一二年戦争（米英戦争）が終わってからイギリスからの移民が増えたことや、

イギリスの植民地の産物を手厚く保護する措置（植民地特恵制度）によって商業や金融などをイギリス系が握ったため、フランス系住民はイギリス系住民を脅威とみなすようになった（細川、二〇〇七：平田、二〇一七）。こうしたなかでフランス系はジョセフ・パピノー（Joseph Papineau）議長を中心に議会の権限拡大を試みたがことごとく否定されたため、パピノーと一部の支持者は急進化し、一八三七年九月に反乱を起こした。同年にアッパー・カナダで起こったウィリアム・ライオン・マッケンジー（William Lyon Mackenzie）の反乱（後述）と併せて植民地の不満に向き合う必要性を認識した本国政府は、ダラム伯爵（John Lambton, Earl of Durham）を総督（Governor General）に任命し、問題の調査に当たらせた。そして一八三九年に出された『ダラム報告（Durham Report）』の勧告にもとづき、一八四〇年に「連合法（Act of Union of Upper Canada and Lower Canada）」を制定した。これによって翌一八四一年にフランス系を同化させるべく、二つの植民地は連合カナダ植民地として統合された。議会等の諸制度も一本化され、正式には旧アッパー・カナダは行政区として西部カナダ（Canada West）、旧ローワー・カナダは東部カナダ（Canada East）となった。しかしその後もアッパー・カナダ、ローワー・カナダという名称は各方面で使用され続け、フランス系の同化も進まなかった（木野、二〇一一：平田、二〇一七）。

教育に目を転じてみると、連合カナダ植民地が誕生した同年に、両行政区を跨る形で教育行政や学校制度のあり様を規定した「一八四一年共通学校法（Common School Act of 1841）」が制定された。それはローワー・カナダで起こったパピノーによる反乱の影響が大きく、今度はイギリス系住民がフランス系住民を脅威として捉え、特に教育を通してその同化を図る必要があったからである。一八四一年共通学校法は両植民地の初等教育の運営を監視するために総督によって任命される「教育長官（chief superintendent）」の職を設置し、初の集権的教育行政当局を創設することとなった。しかし両植民地それぞれの学校制度の発達史に鑑みると、単一の行政機構で両植民地の学校の管理運営を行うことが不可能なことは明らかであった（Young & Levin, 1994）。そのため一八四一年共通学校法は一八四三年に西部カナダを対象から除外、事実上東部カナダのみの教育法となった（小林、一九九四）。つまり、教育の世界でも、同化政策は失敗に終わったのである。

こうしたなかで連邦結成の交渉が行われ、一八六七年にはＢＮＡ法が発効し、「カナダ自治領（Dominion of Canada）」が誕生した。これにより英領北アメリカにあった植民地のうち、連合カナダ、ニュー・ブランズウィック、ノバスコシアの三植民地からオンタリオ、ケベック、ニュー・ブランズウィック、ノバスコシアの四州が作られ、オタワに首都を置く中央政府の下にまとまる連邦体制（Confederation、コンフェデレーション）が成立した（細川、二〇一〇；平田、二〇一七）。そしてＢＮＡ法制定時に、もし教育を州の管轄権限から外した場合、圧倒的にフランス系あるいはカトリック系が多く居住している当時の東部カナダがコンフェデレーションの結成に同意しないのではないかということが懸念され、州政府が教育に関する管轄権限を保持する（つまり、ケベックにはケベック特有の教育のあり様を許容する）こととなったのである（Giles & Proudfoot, 1994）。ただし、東部カナダに居住する少数派のイギリス・プロテスタント系住民の間では、教育の州自治制度に反対の機運が強かったという（小林、一九九四）。

以上のような経緯で憲法上規定されるようになった教育の州自治であるが、それでは連邦政府による教育行政への関与はまったくないのかというと、次のような例外がある。まず、先住民の教育が挙げられる。カナダで「先住民（aboriginal peoples、あるいは native peoples）」とは、一般的には「ファーストネーション（First Nations）」（昔で言う「インディアン（Indian）」）、ヨーロッパ人（主にフランス人）と先住民の間に生まれた子どもの子孫にあたる「メティス（Metis）」（フランス語では「メイティ（Méiti）」）、「イヌイット（Inuit）」（昔の「エスキモー（Eskimo）」）を指す。連邦法である「インディアン法（Indian Act, R.S.C., 1985, c. I-5）」には学校教育関連条項が第一一四条～一二二条に規定されているが、そこでは学校教育に関する権限は連邦政府の先住民問題北方開発大臣（Minister of Aboriginal Affairs and Northern Development, 以前のインディアン問題北方開発大臣［Minister of Indian Affairs and Northern Development］）に与えられている。つまりファーストネーションの教育は、通常の子どもの教育とは異なり、基本的に連邦政府の管轄ということになる。また、インディアン法第四条は、学校教育関連条項の適用対象を保留地（Reserves）に居住する「登録インディアン（status Indian, オンリザーブ登録インディアン）」に限定している。しかしこれは州に居住するファーストネーションに関してであり、準州に居住する先住民の教育は、「オンリザーブ登録インディアン」やイヌイットも含めて、準州政府の教育担当相の管轄下に置かれている。インディアン法第一一四条一項は、インディアン問題北方開発大臣がバンド（band, 保留地を単位とするインディアンの組織）の子どもを州・準州政府管轄下の公立学校や宗教団体等が経営する私立学校に就学させる際に、州・準州政府や教育委員会、宗教・慈善団体と協定を締結する権限を大臣に与えている。大臣は、授業料やバンドの子どもを受け入れるに際し必要となる教室の増改築費用等を連邦政府が教育委員会に支払う一方で、州や教育委員会はバンドの子どもたちに対する教育サービスを提供するという契約（「授業料協定」）を結ぶことになっている（広瀬、二〇〇三：平田、二〇一四）。

次に、軍関係者の子どもの教育も、連邦政府の管轄となる。すなわち、軍関係者の住居は通常基地の近くに提供されることが多いため、軍関係者の子どもの学校教育は基地があるコミュニティの制約の範囲内で、軍を管轄する国防省（Department of National Defense）によって提供される。その際、カリキュラムはその基地が位置する州のカリキュラムを採用し、海外にある基地の場合はオンタリオ州のカリキュラムを用いることが多い。軍関係者の子どもが、特に高校レベルにおいて教育委員会が管轄する近隣の学校に通う場合も多いが、その際には授業料に関するアレンジが行われ、なかには学校の運営については完全に教育委員会が責任を負うが、その運営費が国防省によって賄われるというケースもある（Giles & Proudfoot, 1994）。
また、教育の機会均等を確保するために、連邦政府が州政府に対し財政的支援をする制度がある。例えば、独自収入が比較的少ない州に対して出される平衡交付金（equalization grants）やフレンチ・イマージョンやフランス語教育等の特定のプログラムを対象とする条件付交付金（conditional grants）などがある（Mackay, 1984）。

（２）州教育省と地方教育行政機関

一八六七年憲法法第九三条にある「専属的に」が有するもう一つの意味は、「州政府による地方教育行政へのコントロール」ということである。この点については、当時のアッパー・カナダ、現在のオンタリオ州の事情、特にアメリカからの影響が関係していた。

上述の通りイギリス統治下のケベック植民地は、一七九一年の立憲条令によりアッパー・カナダとローワー・カナダに分割されたが、立憲条令はアメリカ独立革命へのイギリス政府による直接的な反応であった。すなわち、イギリス政府はアメリカ植民地に浸透していた民主主義を「行き過ぎた」ものであるとみなし、これを新たなアッパー・カナダとローワー・カナダ植民地で認めるわけにはいかなかったのである（Hall, 2003；平田、二〇一七）。実際、アッパー・カナダでは、イギリス系とは言っても一八二〇年代に入るまでは本国イギリスからの本格的な移民の到来はなく、ほとんどはアメリカ一三植民地および独立後のアメリカ出身者であった。そのため、両植民地には総督が派遣され、総督の下に植民地政府と植民地議会が置かれた。植民地議会には植民地住民のなかから選ばれた代表が議員として送られたが、実際には総督が自分の気に入った人物を引き込んで政治を行っていた。そのため、植民地議会はあってもその意見が政治にはじかには反映されなかった（細川、二〇〇七；平田、二〇一七）。こうして植民地支配層はアメリカ系移民の排除を狙ったが、反対派はこれに対抗し、一八二八年にアメリカ系を含むすべての住民を従来通りに英国臣民扱いにする帰化法（Naturalization Act）の制定に成功した。一八三〇年代に入って保守派が巻き返しを図るなか、急進的な改革の指導者であるマッケンジーがこれに対し一八三七年一二月に反乱を起こしたが、この反乱はすぐに鎮圧された（マッケンジーはその後、アメリカに逃亡した）（木野、二〇一一；平田、二〇一七）。勝利を収めたアッパー・カナダの保守派は、それまでの地方の自律性を認めた教育制度がこうした反乱を引き起こす一つの要因であると考えた。というのも、一九世紀初頭のアッパー・カナダでは、教育においては州が主要な役割を果たすべきという一般的な合意があったものの、それはサポートの形態をとるかそれとも指示・コントロールの形態をとるかについての合意はなかったからである。一八四〇年代以前は教育への州政府の関与は一八一六年学校法（School Act of 1816）によって規定されていたが、そこでは地方の財産所有者に自分たちのなかから三名の教育委員を選出したり教員を雇用したりすることを認めていた。そしてそれは中央政府が、地方がアメリカ人の教員を雇用し、アメリカ製の教科書を使用することを許容することを意味しており、それはイギリス的な統治形態に親和的な住民を疎外するおそれがあった（Wilson, 1970; Young & Levin, 1994）。そのようななかで多くのものは、中央政府が地方の学校を監視し監督する必要があるとみなすようになった。そしてその後、一八四一年共通学校法が制定されるが、上述の通り当初の想定通りには作用しなかった。つまり、上述の意味での地方の教育自治に対し大きな変更を迫るものではなかった（Young & Levin, 1994）が、他方で前項で述べた通り、一八四一年共通学校法は一八四三年に西部カナダを対象から除外したため、再び西部カナダと東部カナダで独自の教育制度が展開されることとなった（小林、一九九四）。

一八四六年に行われた法改正においては、教育に対する地方のコントロールから州政府の集権的行政構造への大きな転換が促進された。なかでも教育長官は、州政府に新たに創設された「総合教育委員会（General Board of Education）」の助言を受け、州議会ではなく内閣に対して責任を負うこととされ、地方の教育長（local superintendents）は教育長官の指示に従うことが規定された。このとき地方の学校への査察強化の必要性を説いたのが、一八四四年から一八七六年まで教育長官を務めたエガートン・ライアーソン（Egerton Ryerson）であった。それは、中央集権的権力を効果的なものとするのは、効果的な査察であると考えられていたからである（Young & Levin, 1994）。こうして一八四〇年代の終わりまでには集権的学校運営制度のための舞台が整えられ、そこでは学校の組織や教員資格、教科書に関する規定などをカバーする規制が行われた（Royal Commission on Learning, 1994）。しかし一八五〇年学校法（the 1850 School Act）が制定されると、地方の教育に関する選挙を通した自治の原理が再び強調されるようになり、そこでは地方の教育委員の役割が詳細に規定された。それと同時に、集権化された官僚機構の政治的支配力を強化する規定が盛り込まれた。例えば、教育長官や総合教育委員会の権限の多くは変更がなく、むしろ内閣に対する責任性がより明確になった。つまり、一八五〇年学校法は地方の自律性に対し一定の譲歩を行っている反面、中央と地方の権限配分においては大きく州政府に傾斜させるものであった。そしてこの西部カナダにおける教育統治制度が一八六七年憲法法第九三条における「（地方に対する）教育の州自治（provincial control）」に影響を及ぼしたということである（Young & Levin, 1994）。

このようにして一八六七年憲法法で明記されることとなった「教育の州自治」であるが、現在でもカナダ諸州の教育行政構造においては、州教育省が教育委員会に対して優位な位置を占めている。その根拠としては、宗派的・言語的少数者の教育に関する権利への制約を除いて州政府は管轄内の教育構造を決定する完全な権限を有しており、州政府は自らの教育制度を統治する立法を行う権限を有する（Zucker, 1988）としたうえで、ゆえに教育委員会の権限は州によって付与されたものであって、教育委員会自体の固有の権限というものはない（Brown & Zucker, 1998）と説明される。そして教育委員会は州の意思に従って創られた州政府の創造物（creatures）であって、州政府（教育相）に対してカナダのコミュニティへの教育サービスの提供を規定する制定法や規則の実施に関してアカウンタビリティを負うとされる（Giles & Proudfoot, 1994）。実際の州の法令の規定を見てみると、例えばオンタリオ州の「教育法（Education Act, R.S.O. 1990, CHAPTER E.2）」は、その58・1（2）[2]において「副総督の承認を得た内閣（the Lieutenant Governor in Council）」[3]は教育委員会の設置に関する規則を制定することができる旨規定している。そしてこれを受けて制定された「教育委員会選挙及び代表に関する規則（Elections to and Representation on District School Boards, Ontario Regulation 412/00）」において、教育委員会の管轄区域の設定や教育委員の人数などが規定されている。またＢＣ州においては、「学校法（School Act, [RSBC 1996] CHAPTER 412）」の30（1）において、各教育区に一つ教育委員会を設置することが規定されており、また教育委員の人数についてはその（3）において教育相の命令によって規定することとされている。これらは州議会による立法であり、州教育相による規則制定・発令であるため、上述の「教育委員会は州政府の創造物である」という主張と合致するものと思われる。

このように、州教育省は教員免許やカリキュラム、予算配分、教科書などの領域における中央集権的コントロールを維持し、大部分の公教育に関する最終的な責任を負うものとされている。教育委員会は「州政府の代理人（agents of the province）」として行動し、制定法と規則により授権された権限の制限内で学校を管理するものとされている（Zucker, 1988）。その際、教育委員会は三つの明確な種類の制定法と規則にもとづいて運営される。第一に規範的な制定法や規則であり、教育委員会がしなければならないことを規定している。第二は禁止事項であり、教育委員会がしてはならないことが規定されている。これゆえに規範的および禁止的規定は教育委員会の役割を州政府の代理人として定義する。第三に教育委員会がすることのできることを特定するという点で許可の宣言としての制定法や規則である。これは管理の自由に関する境界を設定しており、それらは地方の統治当局として教育委員会の役割を設定している（Giles & Proudfoot, 1994）。

しかし、各州における強力で集権化された権力システムの存在にもかかわらず、教育委員会は州政府の代理人としてだけでなく、学校制度に対する地方からのインプットを得るための中心として機能し、カナダの公教育制度における重要な要素であり続けている（Young & Levin, 1994）。「州政府の代理人」としての教育委員会の法的位置づけに対する異論は管見の限り見られないが、それでも日常の地方教育行政や学校運営に直接的に関わるのは教育委員会であるため、教育委員会に相当量の自律性を許容すべきであるという立場は少なくない[4]し、実際に各州ではそうした構造を構築してきた（Giles & Proudfoot, 1994）。例えば、学校職員を雇い給料を払い、子どもの登校のための輸送システムを開発し、子どもに対して物理的施設を提供するのは、一般的には教育委員会である。入学者数が減少するときには、教育委員会は学校を閉鎖し、予算を設定し、学校税を増税し、教育委員会に委任された裁量的権限に沿って州のカリキュラムを採用したり修正したりするなど、州の法律や規則の制約の範囲内ではあるが、学校の日常的運営の多くに関して責任を有しているのも、教育委員会である。このことは、逆から見れば、州政府は教育委員会を通してその政策目的のほとんどを達成しなければならないということであり、その意味で教育委員会の積極的な協力に州政府の教育政策の成否がかかっているとも言える。この場合、州政府による一方的な決定が教育委員会や学校現場を抵抗に向かわせることもある。つまり、教育委員会は各地域に設置されているため、当該地域住民の感覚や意見とより近いところに位置しており、州政府の方針が地域の利益と衝突する場合、「州の代理人」たる教育委員会が州政府の方針に従わないという事態も生じうる（Young & Levin, 1994）。特に教育委員が住民により直接公選されている場合、教育委員会は「州政府の代理人」であると同時に、「地域の代弁者（advocates for the community）」としての性質をも併せ持つということになり（Galway, et al., 2013）、州政府と教育委員会の間に一定の緊張関係が生じる可能性がある（この点に関しては、「教育の政治的中立性」とも深く関わるので、後に詳述する。）。

一九九〇年代に入ると、多くの州においていわゆる「新自由主義」「新保守主義」にもとづく教育行政改革が行われるようになったが、カナダ各州に共通の特徴としては、州政府への集権化の推進と教育委員会の統廃合が挙げられる。州政府への集権化としては、多くの州でカリキュラムが標準化され、標準化された内容の学力テストが実施されるようになった。例えばオンタリオ州においては、一九九〇年代後半に州統一カリキュラムである「オンタリオ・カリキュラム（the Ontario Curriculum）」が導入され、また同時期から三・六年生には読解・作文・数学のテストを、九年生には数学テストを開始し、また一〇年生以上を対象に中等学校卒業要件として「オンタリオ州中等学校識字テスト（Ontario Secondary School Literacy Test: OSSLT）」での合格を課すこととなった（平田、二〇〇七）。同様の改革が他の多くの州でも進められたが、教育内容に関するこうした標準化は、その策定主体が州教育省であることから、学力政策に関する教育委員会や学校の裁量を縮小することに通じる。またギャルウェイ他（Galway, et al., 2013）によると、教育委員会は従来、学校税（school tax）を課税する権限を有していたが、一九九〇年代には多くの州が教育委員会の課税権を廃止し、財政コントロール権を州政府に一元化する改革を行った。現在でも教育委員会の課税権を保持しているのは、マニトバ州のみということである[5]。教育委員会の学校税課税権の廃止は、その権限縮小を如実に表していると言えよう。

ところで、カナダにおいては一八六七年憲法法第九三条により宗派別教育委員会を、カナダ憲章第二三条により言語別教育委員会を、それぞれ設置することができると解釈されている（松井、二〇一二）。一九八〇年代以降

「公教育の世俗化（脱宗教化）」の傾向がいくつかの州（ケベック州やニューファンドランド&ラブラドール州）で見られるようになり、宗派別教育委員会から言語別教育委員会への移行がそうした州で実施されることとなった（小林、二〇〇三）が、それとも相まって一九九〇年代から二〇〇〇年代にかけて教育委員会の再編統合がすべての州で実施された（Galway, et al., 2013）。例えばオンタリオ州では一九九五年には一二九あった教育委員会が二〇〇〇年には七二となって現在に至っている。教育委員と教育委員会上級職員の数もそれぞれ一九九五年の一九九二人・七七七人から二〇〇〇年には五八九人・五一二人にまで削減された（平田・成島・坂本、二〇〇三）。ニュー・ブランズウィック州では以前は一四あった教育委員会（Government of New Brunswick, 2012; Galway, et al., 2013）を、統廃合と組織改編によって七つにまで減少させた（平田、二〇一七）。このような教育委員会数の削減は、歴史的に教育委員会が地域で担ってきた住民と州政府との間の「つり合い重り（counter-weight）」としての機能を弱体化させるという意味で、集権化に寄与するものであった（Lessard & Brassard, 2005）。

こうした州政府への集権化と教育委員会の統廃合についてシールズ（Shields, 2007; Galway et al., 2013）は、教育委員会がもはや教育に対して重要な貢献をすることができないというメッセージを送っているということであると示唆し、またレサール&ブラサール（Lessard & Brassard, 2005）は州政府による権力の集権化は教育委員会を弱体化させ、それゆえに有権者間での教育委員会の正当性を低下させていると指摘している。他方でシールズ（Shields, 2007; Galway et al., 2013）は、カナダの教育委員会は民衆のサポートを受け続けており、今でも民主的ガバナンスの代表であるとみなされており、コミュニティの価値観と制度を運営する専門家との間の重要なリンクを提供していると認識されている反面、民衆のサポートはより大きな集権化と、伝統的には教育委員会によって担われてきた責任領域への政府の介入といった近年の傾向によって脅威を受けている、と指摘している。つまり、こうした改革は、教育委員会に対する州教育省の優位性を強める形で進められてきたのである。

3 「教育の州自治」と政治的中立性

カナダにおける「教育の政治的中立性」あるいは「教育における政治」の問題は、大別して次の三つの側面から論じることができる。第一に「専門職支配と素人支配の緊張関係（tension between professional and lay control）」（Young & Levin, 1994, p. 38）の問題である。日本において教育委員会の性質を論じるとき、教育委員と事務局の関係を「素人支配と専門的指導性（layman control and professional leadership）」という表現で説明することがある。そして日本ではこれらをいわば地方教育行政の「車の両輪」のように捉え、両者が調和的に機能することを前提に論を進めることが多い。他方で両者を対立の可能性、あるいは実際に対立する存在として捉え、公選教育委員が反映させる民意と、それと必ずしも一致するわけではない専門的知見が衝突を起こした場合どうするかを論じるところにカナダ的特徴があり、その点が日本とは異なる。第二の側面は「教育委員会は『州政府の代理人』か『地域の代弁者か』」であり、第三は「同じ教育委員会管轄区域内の異なる選挙区間での利害の衝突」である。第二・第三の論点は、カナダ諸州が公選制教育委員制度を採用しているがゆえに生じる論点である。なお、日本では、「教育の中立性」に関して、例えば主権者教育を行う際の留意事項として、教員は「政治的中立性」に十分配慮しなければならないといった文脈で論じられることが多いが、カナダではそれは教員の「表現の自由」や「学問の自由」といった観点から検討されることが多い[6]。本章の関心は「州議会議員たる教育相が指揮監督する州教育省の教育委員会に対するコントロールと、地域住民により直接選出された教育委員が管理運営する教育委員会の決定が異なる方向性にある場合、これをどう理解するか。」に向けられているため、「教員の政治的中立性」の問題はここでは触れないこととする。また、日本では近年の教育委員会制度改革に伴って「首長と教育委員会の関係」のなかで教育の政治的中立性が論じられることがあるが、カナダでは市町村（municipalities）は教育関連法令上重要な位置づけがなされていないことが多いため、これが問題として表面化するということは、管見の限りあまりない。むしろバンクーバー教育委員会の例が示すように、教育委員会に影響を及ぼす政治力学としては教育相が検討の対象となることが多いため、これを第二の側面として検討する。

第一の「専門職支配と素人支配の緊張関係」の問題に関しては、州教育省内と教育委員会内の双方で同様の構図が指摘される。すなわち、政治的に選出された素人（教育相や公選教育委員）と教育行政の専門家（教育省職員や教育委員会職員）の関係性である。本稿冒頭でも述べたが、カナダでは連邦も州も議院内閣制が採用されており、州に限定してみても州議会選挙で多数を占めた政党の代表が州首相（Premier）となって内閣を率い、同じ政党（連立でない限り）の議員（Members of Legislative Assembly: MLAs）のなかから教育相を含む各省大臣を選ぶのが通常である。つまり教育相は必ずしも教育の専門家ではないし[7]、教育政策に関わる公約を掲げて当選したのではないかもしれない。政策を立案し実施する際も専門的知識というよりも自らが所属する政党の政策や個人的な関心、あるいは自分の選挙区の有権者の意向を重視することになる。他方で教育省職員は教育あるいは行政の専門家であり、その活動は自らの専門的な訓練とバックグラウンドによって裏打ちされる。このようななかで、教育相は一定の政策をもって議員に選出されているにもかかわらず、その意思は非公選の職員によって頓挫させられると感じることがある。他方で教育省職員は、教育相は教育問題の繊細さを理解しておらず、長期間にわたる教育的ニーズを犠牲にしてでも短期的な政治的配慮によって導かれていると感じるかもしれない。同じような緊張関係が地方教育行政においても、教育委員と教育長その他の教育委員会職員の間に存在する。教育委員会職員は教育委員が教育についてありきたりの考えしか持たず、短期的かつ再選への考慮によって過度に影響されているアジェンダを議論の場に持ってくると感じることがあるが、逆に教育委員は教育委員会職員がその専門知識がゆえに有権者が関心を持っていることに十分に配慮しておらず、また批判を受け入れるのにあまりに消極的であると感じることもある（Young & Levin, 1994）。組織風土の性質はそこで働く者の態度や信念、動機づけ、労働生活の質に大きな影響力を有しているために、こうした対立は反生産的であり、有害ですらあり得る（Giles & Proudfoot, 1994）。もちろん教育委員会職員の雇用は教育委員の権限であるため、最終的な決定は教育委員によってなされることになり、その際教育長等が罷免されることも珍しくはないが（Young & Levin, 1994）、他方で教育をこうした不当な政治介入から守ることは、非党派的で政治的に中立な組織としての市民サービス機関（教育委員会）の地位や身分の保障と密接に関連するということも指摘される（Giles & Proudfoot, 1994）。しかし、こうした緊張関係は政治プロセスの一部であり、専門的スキルと民意の両方に敏感な政策を策定することで、やりようによっては事態の改善に貢献し得るものである（Young & Levin, 1994）。

第二の「教育委員会は『州政府の代理人』か『地域の代弁者か』」という論点は、本稿の検討課題と直接的に関連し、また「教育の地方自治」と「教育の政治的中立性」の双方の視点に深く関わってくる。教育委員会の法的位置づけが「州政府の代理人」とされていることは上述したが、他方で教育委員が住民の投票によって選出されているという意味では、教育委員の地位は「地域の代弁者」であることも事実である。問題は、政府の意図と、当該地域住民の望みが異なる場合に生じる。教育委員会には州法を確実に順守することとコミュニティの利益を実現することの両方が義務づけられている（Young & Levin, 1994）ことになるため、いわば「板挟み」状態になる。例えば学校統廃合のような問題に関しては、多くの場合州政府は統廃合を推進しようとするが、地域住民は学校の存続を望むものであり、こうした対立関係は教育委員会が矛盾する役割を同時に担っていることを公的に明らかにすることであって、組織にとっては否定的な影響を及ぼすことになる（Williams, 2003; Plecki, et al., 2006; Galway et al., 2013）。こうした状況においては、州政府は何らかの手段を使って教育委員会に圧力をかけることになる。第一に州政府は特定のプログラムを実施するように教育委員会に求める立法を行うことができる。例えば等価値労働に関する男女平等賃金を実現する立法を行い、その実施を教育委員会に求めるということが、実際にあった。第二に、教育相は既存の法律（学校法や教育法）にもとづいて教育委員会を拘束する規則を制定する権限が付与されており、そうした規則によって一定の行為を教育委員会に求めることは、特に例外的にではなく行われている。例えば、教育相は教員のための「専門性開発研修日（Professional Development Day: PD Day）」の日数を制限する規則を制定することができる。第三に州政府は政策声明（policy statement）を出すことができる。声明自体に法的拘束力があるわけではないが、例えば教員評価の実施に関する声明や女性やマイノリティの雇用に関する政策声明を発するなどして、当該政策の実施に関して教育委員会に相当の圧力をかけることはできる。他方で、劣位にあるはずの教育委員会も州政府に対して一定の政治的圧力をかけることができる。その主要な方法は、様々な問題に関して州政府を批判することである。例えば、州政府が教育委員会によって要求された額よりも少額の予算を組んだとして、教育委員会は教育水準を維持するために以前ならば学校税の増税を実施する必要性に迫られるが、その理由として州政府の不適切な予算編成を挙げることで民意に訴えることができ、それが次回の州議会選挙に影響を及ぼすかもしれない。あるいは州政府の要求にもとづいて一定の政策を実施したとして、その結果が想定通りにならなかった場合、教育委員会はこれを州政府の失策として批判することができる。このように、両当事者とも様々な政治的手法を用いて、自らが公的利益に資すると考える政策を実現しようと画策するのである（Young & Levin, 1994）。ただしこの視点は、そうした衝突の背後に政治的見解の相違がある場合は「政治的中立性」の問題と関連するが、「州の利益と地方の利益の衝突」と捉えた場合、「教育の地方自治」に関連する視点となる。

第三の対立関係は、「同じ教育委員会管轄区域内の異なる選挙区間での利害の衝突」である。カナダ諸州における教育委員会の管轄区域は、いくつかの選挙区（ward）に分割されていることが多い。通常一つの選挙区から一人あるいは複数の教育委員が選出されることになっている。そして教育委員会の管轄区域が多様な言語や文化、経済・社会階層から構成される場合、同じ教育委員会内であっても選挙区間に利害の衝突が生じることがある（Young & Levin, 1994）。例えばイギリス系住民が多く住む選挙区と移民が多く住む選挙区では、その教育ニーズが異なることが考えられる。このとき、教育委員会内でも様々な利益団体や個人がロビー活動を行うことによって、自らの利益を実現しようとすることになる（Renihan, 1990）。

カナダにおいて「教育の政治的中立性」を論じる際にも、政治は何か避けられるべきものであるという共通の認識が教育の世界には存在する。つまり、教育は政治を超えた何かであるという認識である。例えば、教育関係者は政治を自分たちのより重要な教育的義務に介入するものとして語る傾向にある。しかし、重要な政策決定は、それが教育であろうと教育以外の領域であろうと、政治的プロセスを通してなされるということは事実である。そしてあらゆる教育政策の決定は、ある意味で政治的決定であると見られ得る。つまり政策決定のプロセスにおいて民意を反映するための何らかの手段が採用されている場合、それは本質的に政治的である（Young & Levin, 1994）という見解は、カナダでは特に珍しいものではない。他方で、教育者がその専門性にもとづいて重要な決定を行う場合、学校はより良いものになるという想定があるのも事実であり、そうした立場からはより多くの決定を専門家の手に委ねることが望ましいということになる。しかし、それは教育専門家にすべての決定をなす排他的な権限を付与することを意味しない。教育やカリキュラムの決定に際しては教育専門職の意見を尊重することは重要であるが、しかしそれは児童生徒や保護者、地域住民が何を学校に求めているのかということとは関係なく認められることではない。本節のまとめとしては極めて凡庸であるかもしれないが、民意を反映しつつ専門的知見を最大限に活用する、これは民主主義という政治体制を採用する国家において政策上の決定をどのようなプロセスにおいて行うかという際に、共通する課題ではないだろうか。そこでは、教育委員会は州政府の代理人なのだから州政府はどのような決定でも教育委員会に強制することが正当化されるというわけでもないだろうし、たとえ民意であっても専門家たる教育者の自律性を侵害するような決定を下すことには抑制的でなくてはならないだろう。他方で、専門家が独善に陥り、民意がまったく望まないような政策が採用されることもあってはならないだろうし、選挙区間の利害の衝突により当該教育委員会が機能不全に陥ることも避けなければならない。こうした諸点を十分踏まえたうえで、州政府の介入や教育委員会独自の政策、専門職の知見と民意の反映などの適切性は、紋切型の回答を用意するのではなく、個別具体的なケースごとに検討を行うことが重要なのであろう。

おわりに

以上、カナダにおける教育行政のあり様を、州政府と教育委員会の権限義務関係に焦点を当て、これを「教育の地方自治」と「教育の政治的中立性」の観点から検討してきた。そこでは、以下のような点が明らかになった。すなわち、教育の「地方自治」の観点からは法令上教育相の教育委員会に対する優位性が従来から規定されていたが、一九九〇年代以降行われた教育行政改革において実施された諸施策、例えば教育委員会独自の課税権の廃止や教育委員会の統廃合などによってその優位性は強化される傾向にある反面、地方特有の教育ニーズを反映させるという意味で実質的なレベルで教育委員会の権限を拡大すべきとする説も一定の説得力を有しているということである。「教育の政治的中立性」の観点からは、「専門職支配と素人支配の緊張関係」、「教育委員会は『州政府の代理人』か『地域の代弁者か』」、「同じ教育委員会管轄区域内の異なる選挙区間での利害の衝突」という三点からの検討が必要であるが、その際「あらゆる政策決定は政治的である」という本質を認識しつつ、教育行政職員の専門性と教育相や教育委員が代弁する民意とのバランスをどうとるかが重要であることが明らかとなった。

本章において検討したこうした事項を「分析の視点」として設定し、冒頭に述べたバンクーバーの事例のような、実際にどのような事情によって州教育相が官選教育委員の任命等を通して教育委員会による地方教育行政をコントロールしているのか、それはどのように評価されるのかについて分析を進めることを、筆者の次の課題としたい[8]。

注

1　「以下の条件」とは、同条に四項目にわたって規定されていることであるが、簡単に言うと当該地域における宗派的マイノリティであるカトリックあるいはプロテスタント系住民がその宗派にもとづく教育を受ける権利を侵害しないこと、である。

2　カナダ諸州の法令においては、その条項が、例えば266.(5.1)(a)などと表記されている場合があり、日本語の法令の条項の表記に訳する場合適当な訳語が見当たらない部分があるため、本稿では原文のまま表記することとする。

3　カナダには、カナダ女王（Queen of Canada）たるイギリスのエリザベス女王の代理として、連邦レベルに総督（Governor General of Canada）が、州レベルに副総督（Lieutenant Governor）が置かれている。サスカチュワン州副総督事務所およびアルバータ州副総督事務所のウェブサイトによると、Lieutenant Governor in Councilとは「内閣の助言にもとづいて行動する副総督」のことを意味し、「内閣が決定を下し、それが副総督によって承認を得ている場合、Lieutenant Governor in Councilによって決定されたと表現される」ということである。そのためここでは「副総督の承認を得た内閣」という訳語を当てることにする。サスカチュワン州副総督事務所およびアルバータ州副総督事務所ウェブサイトにおける当該事項記載URLは、それぞれ次の通りである。サスカチュワン州（http://ltgov.sk.ca/role/lieutenant-governor-in-council/二〇一六年六月二四日採取）、アルバータ州（https://www.lieutenantgovernor.ab.ca/roles-of-the-lieutenant-governor/lieutenant-governor-in-council/、二〇一六年六月二四日採取）。

4　特に教育委員や教育長などには教育委員会のより大きな自律性を求める意見が多い。古くはタウンゼンドによる一九八九年の調査（Townsend, 1990）、近年ではギャルウェイ他による二〇一〇年の調査（Galway, et al., 2013）がそうした傾向を示している。

5　この点について、例えばBC州の学校法112(1)においては、教育委員会は111(4)にもとづく歳出見込みにおける超過分を補完するために、住民投票を行い住民によって承認された場合、「学校住民投票税（school referendum tax）」を翌会計年度限定で課すことができることになっている。ただし、そもそも学校税が毎税制年度（taxation year）に恒常的に徴収される税金であるのに対し、学校住民投票税は住民投票で承認を受けた場合に限り、翌税制年度に限って臨時的に徴収される税金であって恒常的な財源ではないという点で、両者は大きく異なる。一九九〇年代の改革で多くの州で進められた「教育委員会による学校税課税権の廃止と州政府への財政コントロール権の一元化」とはこうした意味である。

6　この論点については、(Hurlbert & Hurlbert, 1992) や (Horn, 1999)、(Findlay & Bidwell, 2001) に詳しいので、参照されたい。

7　カナダ諸州では、教育相が省外から教育の専門家を「副大臣（Deputy Minister）」として招聘することがよくある。例えば、オンタリオ教育研究所（Ontario Institute for Studies in Education）教授であったチャールズ・パスカル（Charles Pascal）は一九九三年から数年間オンタリオ州の教育副大臣を務めていたし、またブリティッシュ・コロンビア大学（University of British Columbia）教授であった教育社会学者のチャールズ・アンガーライダー（Charles Ungerleider）は一九九八年一一月から二〇〇一年六月までBC州教育副大臣の職にあった。

8　この件については、本書の出版が当初の予定（二〇一八年三月）から大幅に遅れてしまったため時期的に前後してしまうことになったが、二〇一七年九月に本章を脱稿した後に執筆した拙稿（平田、二〇一八）において検討している。佐賀大学附属図書館機関リポジトリの次のＵＲＬからダウンロード可能である。http://portal.dl.saga-u.ac.jp/bitstream/123456789/123494/1/hirata-2_201803.pdf

参考文献

木野淳子（二〇一一）「二つのカナダの起源」飯野正子、竹中豊編『現代カナダを知るための57章』明石書店、三四三―三四七頁。

小林順子（一九九四）『ケベック州の教育』カナダの教育1、東信堂。

小林順子（二〇〇三）「第2部カナダの教育の諸問題　第1章教育行政の動向　第1節カナダの教育行政制度の特徴」小林順子他編『21世紀にはばたくカナダの教育』カナダの教育2、東信堂、一二八―一二九頁。

セイウェル・ジョン著（吉田善明監修、吉田健正訳）（一九九四）『カナダの政治と憲法』三省堂。

竹中豊（二〇一〇）「ヌーヴェル・フランスと先住民」飯野正子、竹中豊編『現代カナダを知るための57章』明石書店、三二六―三三二頁。

平田淳（二〇〇七）「カナダ・オンタリオ州における子どもの学力向上政策―州統一カリキュラムと学力テストに焦点を当てて―」大桃敏行他編『教育改革の国際比較』ミネルヴァ書房。

平田淳（二〇一四）「ユーコン準州における先住民の教育参加要求と教育行政・学校運営参加制度―教育委員会・学校協議会における先住民保障代表制を中心に―」カナダ教育学会編『カナダ教育研究』第一二号、一九―三六頁。

平田淳（二〇一七）『カナダにおける「開かれた教育行政」及び「開かれた学校づくり」に関する調査研究』科学研究費補助金研究成果報告書。

平田淳（二〇一八）「ブリティッシュ・コロンビア州教育相による官選教育委員任命とバンクーバー教育委員会教育委員失職の事例に関する一考察」『佐賀大学大学院学校教育学研究科研究紀要』第二巻、八〇―一〇一頁。

平田淳、成島美弥、坂本光代（二〇〇三）「第1部　1990年代の教育改革　第3章『子どもを第一に考えよう』とオンタリオ州の新保守主義的教育改革」小林順子他編『21世紀にはばたくカナダの教育』カナダの教育2、東信堂、六三―

九四頁。
広瀬健一郎（二〇〇三）「第6章連邦政府の先住民教育制度 第1節先住民族教育制度の法的枠組み」小林順子他編『21世紀にはばたくカナダの教育』カナダの教育2、東信堂、一三三一一一三六頁。
細川道久（二〇〇七）『カナダの歴史がわかる25話』明石書店。
細川道久（二〇一〇）「連邦結成（コンフェデレーション）」飯野正子、竹中豊編『現代カナダを知るための57章』明石書店、三四八一三五一頁。
松井茂記（二〇一二）『カナダの憲法―多文化主義の国のかたち―』岩波書店。
Brown, A. F. & Zucker, M. A. (1998). *Education law* (*Second edition*). Scarborough, ON: Carswell.
Findlay, L. M. & Bidwell, P. M. (2001). *Pursuing academic freedom: "Free and fearless"?*. Saskatoon, SA: Purich Publishing Ltd.
Galway, G. et al. (2013). The impact of centralization on local school district governance in Canada. *Canadian Journal of Educational Administration and Policy,* 145, 1-34.
Giles, T. E. & Proudfoot, A. J. (1994). *Educational administration in Canada (Fifth Edition)*. Calgary, AL: Detselig Enterprises Ltd.
Globe and Mail (2016, October21). *Schooling the Vancouver School Board*. Retrieved December 13, 2016, from the World Wide Web: http://www.theglobeandmail.com/opinion/editorials/schooling-the-vancouver-school-board/article32448375/.
Government of New Brunswick (2012). *Provincial government positioning education, early childhood development for the future [News release]*. Retrieved June 25, 2017, from the World Wide Web: http://www2.gov.gnb.ca/content/gnb/en/news/news_release.2012.01.0010.html.
Hall, Roger, (2003). Upper Canada. In Historica Canada. *The Canadian encyclopedia*. Retrieved October 14, 2016, from the World Wide Web: http://www.thecanadianencyclopedia.ca/en/article/upper-canada/.
Horn, M. (1999). *Academic freedom in Canada: A history*. Toronto, ON: University of Toronto Press.
Hurlbert, E. L. & Hurlbert, M. A. (1992). *School law under the Charter of Rights and Freedoms* (*second edition*). Calgary, AL: University of Calgary Press.
Lessard, C. & Brassard, A. (2005). *Education governance in Canada: Trends and significance*. Retrieved June 25, 2017, from the World Wide Web: http://www2.crifpe.ca/html/chaires/lessard/pdf.

Mackay, A. W. (1984). *Education law in Canada*. Toronto, ON: Emond-Montgomery Publications Limited.

Plecki, M. L. et al., (2006). *Redefining and improving district governance*. Seattle: University of Washington, Center for the Study of Teaching and Learning.

Renihan, P. (1990). The emerging role of the lobbyist in Canadian education. In Y. L. Jack Lam (ed.), *Canadian public education system: Issues and prospects (pp. 287-302)*. Calgary, AL: Detselig Enterprises Limited.

Royal Commission on Learning (1994). *For the love of learning*. Toronto, ON: Queen's Printer for Ontario, Retrieved June 16, 2017, from the World Wide Web: http://www.edu.gov.on.ca/eng/general/abcs/rcom/full/volume1/volume1.html.

Shields, T. (2007). *Exploring trustee leadership as an essential governance role*. Paper prepared for the International Study Association on Teachers and Teaching Conference, Brock University. Retrieved from http://www.isatt.org/ISATT-papers/ISATTpapers/Sheilds_ExploringTrusteeLeadership.pdf (現在はアクセス不能).

Townsend, R. (1990). With the board in mind: Trustees look at issues and prospects. In Y. L. Jack Lam (ed.), *Canadian public education system: Issues and prospects (pp. 155-173)*. Calgary, AL: Detselig Enterprises Limited.

Williams, T. R. (2003). *Educational governance*. A paper prepared for the Panel on the Role of Government, Queen's University, Kingston, Ontario. Retrieved from http://www.law-lib.utoronto.ca/investing/reports/rp46.pdf (現在はアクセス不能).

Wilson, J. D. (1970). Education in Upper Canada: Sixty years of change. In J. D. Wilson, R. Stamp, & L-P Audet (Eds.), *Canadian education: A history*. Scarborough, ON: Prentice-Hall.

Young, M. & Levin, B. (1994). *Understanding Canadian schools: An introduction to educational administration. Toronto*, ON: Harcourt Brace & Company Canada, Ltd.

Zucker, M. A. (1988). *The legal context of education*. Toronto, ON: OISE Press.

第4章　地域の社会教育生涯学習を推進する大学開放について

弘前大学生涯学習教育研究センターを例に

深作　拓郎

はじめに

「地域基盤社会」が唱えられるようになった今日、高等教育機関への期待は、従来の教育・研究に留まらない新たな展開を見せている。二〇〇五年の中央教育審議会答申「我が国の高等教育の将来像」において、「大学は教育と研究を本来的使命としているが、現在においては、大学の社会貢献の重要性が強調されるようになってきている」と述べられ、教育と研究に継ぐ新たな機能として、教育研究の成果を広く社会に提供することにより、地域社会の発展に貢献すること（以下、地域貢献）が掲げられた。近年では、「地（知）の拠点整備事業」（通称：大学ＣＯＣ）が施策化され、二〇一七年三月には文部科学大臣が中央教育審議会に対して「我が国の高等教育に関する将来構想について」を諮問し、「地域における質の高い高等教育機会の確保のあり方」を一つの審議課題に据えられたのである。

以前から「大学開放」が強く唱えられ、「公開講座」をその中心的な役割を果たしてきたが、これらの動きからは、研究成果を公開講座として地域社会へ開放していくだけではない、「地域社会」をより色濃いものとして打ち出そうとしているのである。

1　大学開放拠点の設置と転換点

（1）初期の大学開放

大学開放の方法は様々で、社会人入学や編入学をはじめ、通信教育、聴講生などの科目履修制度、公開講座、図書館などの施設開放などが挙げられる。

社会教育の文脈から大学開放をたどると、倉内史郎は、①大学における社会教育の教育を行うこと、②大学か社会教育についての調査・研究を行うこと、③大学がみずから社会教育を行うこと、の三つに整理したうえで、大学と社会教育の主たる関係について、③の形態、「大学拡張」の実施を主流に据えている（小川・倉内、一九六四、一六五頁）。我が国の場合、学校教育法に根拠を置く「公開講座」の名称で一般的に流布している。

日本における大学開放は、大正期の信濃自由大学（のちの、上田自由大学）に代表される自由大学運動が発端であるとされる。農民運動や社会主義思想の影響を受けて繰り広げられた信濃自由大学に代表される自由大学運動は、当時大学入学者が人口の六％程度に限られていたことから、労働者や市民などが大学の「知」に触れられる貴重な機会であった（小川・山野、一九八〇）。このように、大学開放は、教養を目的に「公開講座」を軸に展開されていくのである。

そして、一九四七年に制定された学校教育法第六九条に「大学においては、公開講座の施設を設けることができる」が盛り込まれた（現法一〇七条）。さらに一九四九年に制定された社会教育法でも「学校の施設の利用」が条文化されたほか、一九四八年制定の「通信教育認定規定」も公布され法的基盤の整備がはかられていった。
しかし、高橋満は「公開講座への教員の参加は個人的なものに留まり、大学の構造と学問知は社会の課題に対して変わるべきものではなかった」と、「啓蒙主義的性格を特徴としていた」ことを指摘している（高橋、一九九八、二三頁）。

（２）大学開放センターの設置

一九六四年、社会教育審議会答申「大学開放の促進について」が出され、「大学公開講座の拡充・強化」、「地域振興の協力活動の促進」、「大学拡張センターの設置」、「通信、放送教育の拡充」が提言された。これにより放送大学開学に向けた検討が開始されるとともに、東北大学に教育開放センターが設置された。その後も金沢大学（一九七六年）、香川大学（一九七八年）に、しばらく間が空いて徳島大学（一九八六年）、高岡短期大学（一九八六年）にそれぞれ「教育開放センター」が設置された。

そして、一九九六年の生涯学習審議会答申「地域における生涯学習機会の充実方策について」では、高等教育機関は高度で体系的かつ継続的な学習機会の提供者として位置づけられ、提言の一つに「生涯学習センター」の設置促進も掲げられた。それに呼応する形で、国立大学に「生涯学習教育研究センター」が設置され、大学公開講座の充実などがはかられていったのである。

各地の国立大学に生涯学習教育研究センターが整備されていくにあたり、猪山勝利は生涯学習への大学の現代的機能を①高等教育基礎機能、②高等自己実現機能、③高等先進教育・教育機能、④総合組織化機能の四つに機能を整理したうえで、生涯学習教育研究センターを①生涯学習に対応する大学の経営推進センターとして総合的に把握し、②生涯学習に対応する大学の多面的な推進をプロモートする段階性にあると、公開講座の実施という一元的機能に留まらない多面性をもたせることの重要性を唱えている（猪山、一九九八）。

（3）大学開放の転換点

一九八四年設置の臨時教育審議会では、生涯学習体系への移行が基軸に据えられ、高等教育改革もそれに対応する形でも進められた。「大学は、自らを広く社会に開放し、社会の要請を受け止め、公共的な寄与を果たす責任をおう」と公開講座等への積極的な姿勢で取り組む必要性を唱えるとともに、科目等履修生や社会人入学など、成人が大学の正規の講義や課程を履修できる仕組みを提言し、各大学でもその仕組みが構築された。高橋はこれを「大学開放から継続教育への転換点」（高橋、一九九八、二五頁）と述べている。

先に紹介した一九九六年の生涯学習審議会答申では、大学開放の具体的な柱として、生涯学習センターの設置のほかに、「社会人の受入れの促進」と「地域社会への貢献」が掲げられた。

そして、二〇〇五年の中央教育審議会答申「我が国の高等教育の将来像」において、二一世紀は「知識基盤社会」の時代であり、高等教育は個人の人格形成上も国家戦略上もきわめて重要であると位置づけたうえで、①世界的な研究・教育の拠点、②高度専門職業人養成、③幅広い職業人養成、④総合的教養教育、⑤特定の専門的分野（芸術、体育等）の教育・研究、⑥地域の生涯学習機会の拠点、⑧社会貢献機能（地域貢献、産学官連携、国際交流等）の八つの柱を打ち出し、翌年改正された教育基本法の第七条「大学」の条文に大学の地域貢献が盛り込まれたのである。

しかし、姉崎洋一が「大学と地域」の関係について、開かれた大学の内実が、産業界や官庁との連携による国策に必要な研究開発や国際競争等の活動が主流となり、大学経営や競争的資金獲得として語られることで、地域社会との連携が軽視される傾向になっていると（姉崎、二〇〇八）指摘するように、大学と地域の新たな窓口として「地域共同研究センター」が設立され、地元産業界のニーズの把握や共同研究のためのシーズ（種子）の育成をはかりながら、産業界を含めた地域連携体制が構築されていったのである。これは、生涯学習センターが大学再編の波にのまれていく要因の一つとなり、最盛期で二五の国立大学に設置されていた「大学開放センター」「生涯学習教育研究センター」は、高等教育研究部門や地域連携部門との統合が急速に進み、二〇一九年四月時点で単独のセンターとして名称が残っているのは、弘前大学のみとなった[1]。

加えて、二〇〇五年に出された文部科学省『地域の自立とまちづくりを担う人材育成調査報告書』の内容も見過ごせない。大学は公開講座を中心に展開しようとしているが、自治体や市民団体の期待は、地域のシンクタンク機能、地域政策や地域づくりに関する提言、産業活性化・発展への貢献、学生による地域活性化への貢献で、公開講座への期待は少ないと問題提起し、「地域が大学を育て、大学が地域を育てる仕組み」として、①実践学習の機会としてのコミュニティ、②地域企業との連携、③地域のシンクタンク機能／専門家ネットワークの形成、④退職者への学習機会の提供、の四点を提言している[2]。すなわち、大学に期待される地域貢献とは、公開講座を広く実施することで大学の知を「一方向的」に提供するということではなく、地域社会とより協働して「地域再生」の主体を育む拠点として、学生教育とも連動させた型での拠点としての機能を構築する役割を担うための検討が求められているのである。

村田和子は、生涯学習系センターの地域住民の学習への参画の貢献を「①地域住民等を対象とする公開講座的なもの、②社会教育・生涯学習関連職員の養成と継続教育への参画、③地域・自治体との連携による事業」の三つに区分して各地の生涯学習系センターの取り組みを整理し、各大学の生涯学習系センターが自治体や・地域と協働での事業展開がはかられていることを捉えたうえで、『啓蒙的な知の伝授』を超えた『新たな知の創造』をセンターのミッション」(村田、二〇一三、三六頁) としていくことの重要性を唱えている。

このように、臨時教育審議会発足以降、生涯学習社会が叫ばれるようになり、生涯にわたる継続的な学習の場と機会を提供することに大学開放の役割に方向がシフトし、地域社会とより協働して「地域再生」の主体を育む拠点としての機能を構築する役割を担うことが求められているのである。

2 弘前大学生涯学習教育研究センターの取り組み

(1) 弘前大学生涯学習センターとは

弘前大学は、青森県唯一の国立大学である。人文社会科学部・教育学部・理工学部・農学生命科学部・医学部(医学科・保健学科)の学部のほか、大学院、研究所・学内共同教育施設などで構成されている。学生・院生数は約七〇〇〇人、教職員数は約二〇〇〇人を数える。

生涯学習教育研究センター(以下、センター)は、一九九八年五月に開設された学内共同教育施設である。地域の社会教育・生涯学習に関する教育及び研究を行い、地域における社会教育・生涯学習の振興に資することを目的に設置された。公開講座・講演会の開催及び地域社会の課題や社会教育・生涯学習に関する調査研究を通した大学開放事業を展開している。

社会教育・生涯学習専攻と医学系専攻による専任教員二名が配置され、地方自治体との共催による公開講座・講演会、センター主催の事業を中心に事業を展開してきた。二〇〇九年四月に筆者が着任し、二名の専任教員とも社会教育・生涯学習専攻の体制となった。二〇一七年三月にセンター開設時から在籍した専任教員が定年退官し、現在は筆者一名のみとなっている。これまで専任教員は、公開講座の講師、自治体とのコーディネートが主たる役割であったが、「大学生涯学習の全学的推進」を目指すため、専任教員はマネージメントに徹し、学部や研究所に所属する「協力教員」八名が公開講座等の企画、自治体等関係機関とのコーディネートの役割を担っている。

（２）センターにおける大学開放の特色

①自治体と連携した公開講座

当センターの特色として、自治体と共催による「公開講座」を毎年一〇前後の市町村事業を実施してきたことが挙げられる。毎年秋に県内および秋田県北の約五〇の自治体へ次年度の開催希望調査を行い、開催希望のある自治体の担当者に対して専任教員がヒアリングをして講座を企画していく、いわゆるオーダーメイド型の形式となっている。その内容は、市民一般向けを対象とした教養講座がほとんどであるが、弘前市教育委員会との共催で、市内の公民館職員を対象とした継続教育も行っている。この講座は、毎年三回前後開催され、テーマにもとづいた講義やワークショップを行い、地域課題の掘り起こしや各公民館事業に反映させていくための学習が行われている。

二〇一二年度からは、地域で活動する市民活動への支援やブラッシュアップ、政策・施策立案のための助言指導ならびに施設職員研修など、大学の生涯学習に対する自治体からの期待に変化が生じてきた。そのため先の指摘も踏まえ、市民一般向けを対象とした教養型の公開講座から、地域の学習ニーズや地域課題に対応した講座内容を企画することとした。加えて、公開講座の受講対象者を「市民一般」、地域で活動する「実践家」、「専門家」に区分した上で、「実践家」「専門家」向けにシフトさせていった。シフトチェンジをはじめた二〇一三年度は、センター主催事業をメインに対象者を明確に設定した公開講座の内容にしていったが、自治体と連携した公開講座でも対象者を明確にしたものが増加していった。特筆できるところでは、育児中の母親を対象とした中泊町教育委員会と共催による「育児支援講座」(二〇一二〜)、高齢者を対象に自分が歩んできた道を振り返ることで、家庭・職場・地域の中でのアイデンティティを確立することを目指した中泊町中央公民館との共催「自分史をつくってみよう」(二〇一五年〜)、児童厚生員や放課後児童支援員など、子どもの放課後にたずさわる専門職員の研修機会として設けられた弘前市共催「放課後の居場所づくり研修会」(二〇一五年〜)などが実施されている。

講義方法も多様化し、ワークショップ・グループディスカッション形式のものや、実技を取り入れた講座も実施されはじめている。二〇一七年度三沢市と共催して開催した「Powerful Voices and Learning for Students in 三沢」は、市内の中高校生が、伝えたいメッセージを約六〇秒の映像作品に仕上げるというもので、一五名の子どもたちが三班に分かれて、企画・シナリオ作り・撮影・編集までを行っている。

② 教員の専門性を活かした講座

その他、専任教員の専門性を活かした講座を企画・実施している。医学系の専任教員が在籍していた時代には、「on-line 健康講座」をはじめ医学や健康問題に関する講座が多数行われていた。

筆者が着任後は、「託児付の連続育児支援講座」や地域で子どもの活動に関わる実践家や職員を対象とした「子どもの育ちを考えるゼミナール」、ピアノ指導者のための「ブラッシュアップ講座」、などをセンター単独主催で取り組んでいる。

「託児付の連続育児支援講座」の受講者アンケートがきっかけとなり、育児をしていく上でのこの地域独特の課題（雪・言葉・文化）が存在し、特に他地域からの転入世帯にとって大きな壁になっていることを発見し、弘前市での子育て・子育ち支援に関わるプロジェクト研究に発展させていき、市の基本施策へも反映された[3]。この事業は、現在男性を対象とした「パパラボ・あそび研究所」と称する講座で継続している。

③津軽・青森の地域課題に即した講座

二〇一五年度より「地域おこし協力隊研修会」を開催している。この研修会は、全国の地方国立大学として初めて組織的かつ定期的に実施しているもので、地域での関係構築、事業の実践や「起業」「継業」など新たな働き方の模索などを目指し、年三回程度開催している。

そのほか、二〇一六年度からは履修証明プログラム「白神自然環境人材育成講座」を開設している。世界自然遺産である「白神山地」をはじめとする青森県の自然環境に深い見識をもち、白神山地に関連する民間団体の実践知と、弘前大学が有する学術知を融合することで、白神山地をはじめとする青森県の自然環境を保全し、賢く活用し、持続的な地域の発展に寄与することができる人材を育成することを目指している。弘前大学の教養科目と白神を深く学ぶ特設科目を組み合わせた、総計一四三時間の講座で構成している。

3　大学生が担う大学公開講座

当センターのもう一つの特色は、大学生が大学公開講座を担っていることである。二〇一三年度には、鹿角市児童センターとの共催「高校生の利活用促進のための検討と実践」、佐井村との共催による「子育てサークル『ぽぷ

No.		区分	主催・共催	受講料	事業名	実施月日
実践者・当事者等対象	1	講義	主催	無	白神自然環境人材育成講座 (第一期生) 平成 29 年前期 平成 29 年後期	【4】①4/11(火)〜⑯8/1(火) 【5】①8/19(土)、②8/20(日) 【6】①7/4(火)、②7/11(火) 【7】①10/3(火)〜⑯H30.2/6(火) 【8】①〜④
	2	講義	主催	無	白神自然環境人材育成講座 (第二期生) 平成 29 年後期	説明会　8/10(木) ※プレス説明会7月下旬 開講式　9/29(金) 【1】①10/6(金)〜⑯H30.2/9(金) 【2】①〜② 【3】①〜④
	3	講演	むつ市共催	無	子どもの目線から考える、子どもたちの居場所・放課後とは	6/24(土)
	4	ゼミナール	主催	無	子どもたちの育ちを考えるゼミナール	①7/12(水)、②8/9(水)、③9/13(水)、④10/11(水)、⑤11/8(水)、⑥12/13(水)、⑦1/11(水)
	5	講座 ＋WS	弘前市共催	無	駅前こどもの広場託児付支援講座 パパラポあそび研究 vol.2 チビタビのすすめ	①9/2(土)、②9/9(土)、③未定
	6	研修会	鰺ヶ沢町 共催	無	平成 29 年度地域づくりリーダー研修会	①11月、②
専門家等対象	7	研修会	①、③主催 ②、④青森県主催	無	地域おこし協力隊研修会	①6/2(金)、②8/31(木)〜9/1(金)、③12/1(金)、④H30.1月
	8	講演	青森市共催	無	青森市社会教育関係職員スキルアップ事業	①6/29(木)、②7/21(金)、③9/28(木)
	9	事例発表 ＋WS	弘前市教育委員会共催	無	弘前市公民館関係職員研修会	①7/25(火)、②12/13(水)、③H30.1月
	10	講演	七戸町共催	無	歌って踊って健康づくり	①9月、②12月
	11	研修会	弘前市共催	無	放課後の子どもの居場所づくりを考える研修会	①11/2(木)、②11/16(木)
	12	講演	つがる市共催	無	地域の福祉について	11月
一般等対象	13	講演	主催	無	放課後の子どもの世界と地域のあり方を考える研修会	5/15(月)
	14	WS ＋講座	中泊町共催	無	ママのためのリフレッシュ講座	①6/8(木)、②6/15(木)
	15	ワークショップ	中泊中央公民館共催	無	自分史を作ってみよう	①6/17(土)、②7/8(土)、③8/5(土)、④9/2(土)、⑤10/7(土)、⑥12/2(土)
	16	講演	むつ市共催	無	若者の力が地域づくりに活かされる時	7/8(土)
	17	講演 ＋WS	三沢市共催	無	Powerful Voices and Learning for Students in 三沢 〜映像をつくって自分たちの想いを伝えよう〜	①8/7(月)、②8/8(火)、③8/18(金)
	18	イベント	主催	無	総合文化祭	10/27(金)、10/28(土)、10/29(日)
	19	講演	つがる市共催	無	地域農業について考える	H30.1/20(土)
会議		会議		—	文部科学省との意見交換会 会場：文部科学省生涯学習政策局会議室（東京都千代田区）	7/24(月)
		会議		—	全国国立大学生涯学習系センター研究協議会 会場：徳島大学	9/25(月)〜9/26(火)

資料 1　2017 年度センター公開講座一覧

り』の活動支援」、の二つが実施された。佐井村との共催事業は一五年度まで継続されている。ほかにも、近年ゼミ単位で公開講座を運営する事例もみられはじめている。

ここでは、佐井村とセンターの共催事業「ちびっこ海賊の佐井村まち探検」について紹介することとする。

（１）事業のきっかけ

佐井村は、青森県下北半島の北西部沿岸に位置し、六〇〇～八〇〇ｍ級の山々に周囲を囲まれ、集落は海岸線に沿って八集落（原田、古佐井、大佐井、矢越、磯谷、長後、福浦、牛滝）が、山間部に一集落（野平）が点在する。人口は約二二〇〇人超、世帯数約一〇〇〇戸で佐井地区（大佐井、古佐井地区）に人口の六割近くが集中している。村内には、村立保育所が一か所、小学校三校、中学校三校が設置されているが、福浦地区と牛滝地区は小・中併設校となっている。高等学校は隣接する大間町にある県立大間高校へ通学するかむつ市や青森市などの遠隔地に進学する生徒もみられ、その場合は通学が不可能なため村を離れ下宿等をしている。村内の医療機関は歯科診療所のみであり、近くても大間町にある大間病院かむつ総合病院という地域である。

この村で活動する子育てサークル「ぽぷり」（以下「ぽぷり」と称す）は、首都圏から同村に嫁いできたＡさんら女性数名が中心となり、保育所入所前の子どものいる母親たちの居場所作りを目的に、二〇一二年に設立したサークルである。発足時は約六名近い母親たちが情報交換等の活動を定期的にしていたが、現在は三～四名で細々と活動している。当時は近隣に子育てサークルがなく、他の団体との交流もなかったようであるが、村教委に赴任した派遣社会教育主事Ｂ氏の誘いによって参加した青森県総合社会教育センター主催「絆でつながる家庭教育支援事業」がきっかけとなり、自分たちもより積極的に他団体と交流しながら活動の幅を広げていきたいとＢ氏に相談し、

	1年目（2013年度）	2年目（2014年度）	3年目（2015年度）
テーマ	ちびっこ海賊が佐井村に出没	仏ヶ浦で秘宝の水と薬を探せ	ちびっこ海賊と謎の地図
期　日	2013年10月12日（土）	2014年10月11日（土）	2015年10月31日（土）
場　所	佐井村佐井地区	佐井村福浦地区（仏ヶ浦）	佐井村佐井地区
参加者数	小学生30名、高校生2名、現地スタッフ6名	幼児・小学生35名、中学生4名、現地スタッフ9名	幼児・小学生36名、中学生5名、高校生1名、現地スタッフ11名
概　要	村内の要所を巡りながら、数々のミッションをクリアして、お宝をゲットするというストーリーで実施しました。当日は風が強く小雨が降る悪天候でしたが、約30名の小学生たちが元気に村内を駆け巡り、最後は海賊の「お宝」を発見した。	村の名所である「仏ヶ浦」を舞台に、病気になった大海賊を助けるために秘宝の水（実在する霊水）と薬を探しに行く！というストーリーでまさしく探検をした。様々なミッションをクリアして、最後は水と薬を手に入れることができた。	「大海賊のひ孫が見つけた謎の地図を解き明かす！」という内容で、村史にある写真を手掛かりに昔の村内の様子を学びながら探検を繰り広げた。 謎を解き明かして完成させた4枚の地図を合わせると「4031」という数字が…。

資料2　ちびっこ海賊の佐井村まち探検の概要

B氏から筆者が打診をしてきたことから、二〇一三年度から、村教委・「ぽぷり」・当センターの三者共催による事業を実施することになった。

B氏からは、「ぽぷり」からの要望として、地域の小学生を募った「まち探検」的な活動をしたいので、その具体的支援をしてほしいということが伝えられた。弘前大学の文化系公認団体である、学生・教員研究会「らぶちる-Love for Children」（以下、「らぶちる」）に相談したところ「是非一緒にやりたい」との即答を受け、一年目は筆者が講師、「らぶちる」は補助者として、二年目からは筆者は全体的な管理に徹し、「らぶちる」が企画とコーディネート役として関わってもらっている。

「らぶちる」は、二〇一二年六月に結成された。あそびを通して子どもや地域社会との関わり方について体験的に習得していくことを通して地域社会を担う一員である意識の形成（市民性の涵養）を目的に据え、児童福祉施設設置最低基準第三九条に定められている「遊びを指導する者」[4]を指針に、①子どもが主体であること、②広がりのある遊びを考えること、③子どもたちとの距離感を保つこと、の三点を基本姿勢としている。

(2) 事業の準備過程

企画案は、筆者の助言の下で「らぶちる」メンバーが立案し、「ぽぷり」と村教委を交えて協議を重ねながら進めている。一年目である二〇一三年度は三回の講座として構成した。一回目と二回目は本学教員を講師として派遣し、準備から当日の運営を村教委の助言のもと「ぽぷり」のメンバーが行い、「らぶちる」の学生たちは講座実施中の託児を担い、託児終了後に事前調査を実施した。二年目である二〇一四年度以降は、二回の講座を無くして純粋に「ちびっこ海賊の佐井村まち探検」として、二回の事前調査・打ち合わせと本番という形式をとっている。

二〇一四年の事業を例に詳細を説明する。前年度の反省会において、村在住の子どもたちもめったに訪れない仏ヶ浦を舞台に観光船を利用したプログラムにしたいという意向が伝えられていたため、仏ヶ浦に関する文献資料の収集を六月頃から開始した。それにより、題材に使用できそうなポイントを抽出した上で、一回目の事前調査に臨んだ。

仏ヶ浦は岩場のため足場が悪く高低差もあるほか、海の状態によって潮位が大きく変化するため、子どもたちの事故を防ぐ観点からかなり綿密に確認をした。現地調査の後二日間かけて企画案について協議をして企画内容について精査し、双方の役割等の確認を行った。その後メールなどで情報を共有しながら、二回目の現地調査で危険個所などの再確認を行い、実施に向けて企画内容についての再協議をした。このときは、海が時化て観光船が欠航となってバス移動となった場合の対応、悪天候で仏ヶ浦に上陸できない場合の代替案についても協議を行っている。

「らぶちる」は、事前調査と協議で決まった事項を反映させたプログラムを練り直すとともに、探検プログラムで必要となるアイテムの作成や最後に褒美として渡す品の試作・本作成を同時並行で行い、本番を迎えた。

（3）事業の様子

①二〇一四年度事業「仏ヶ浦で秘宝の水と薬を探せ」

二〇一四年度の事業当日は、前々日の低気圧の影響により観光船が欠航となったためバスでの移動を余儀なくされたが、この場合を想定したプログラムをあらかじめ用意していたため、大きな混乱もなく事業を開始することができた。

集合場所である「津軽海峡文化館アルサス」に集合した子どもたちは、佐井村のゆるキャラ「雲丹《うんたん》」が大海賊から預けられたというＤＶＤを鑑賞し、そのビデオレターにて、「大海賊（佐井村立保育所長）が病気を患ってしまったため、仏ヶ浦にある秘宝の薬と霊水があれば病気が治るので探してきてほしい」と指令が出されて探検がスタートした。約四〇分かけてバスで仏ヶ浦へ移動した後に、子どもたちは七～八人のグループを編成し、三つの関門（①「旗をつくって、赤いバンダナの人に見せろ！」、②「海の生き物の写真をとって、青いバンダナの人に見せろ！」、③「動物の形の岩をみつけて写真にとって如来の首に行け」「楽しそうな顔の岩をみつけて写真にとって双鶏門に行け」）をクリアすると、タヌキの絵とともに「たかたたたいたぞたくたのたた旗に行け」と書かれた謎の指令が渡された。子どもたちはこの謎を解き明かして「海賊の旗」が掲げられている蓬莱山へ行き、「ニセ雲丹《うんたん》」から、霊水を汲むビンと白い和紙を受け取り、全員で秘宝の薬（「らぶちる」が作成した偽薬）と霊水（実在する湧き水）の在り処である通称「極楽浜」へ向かい、霊水を汲み事前に渡された和紙を水に濡らすと秘法の薬が隠されている在り処のヒントが浮き出てくるというしかけにした。薬を発見した後は、仏ヶ浦の船着き場前の砂浜に移動して大海賊に霊水と薬を渡し、大海賊

	ぽぷり・村教委	らぶちる	大学
企　画 8月〜9月初旬	プログラムの検討 予算案の作成 県教育庁との連絡調整	プログラムの作成・提案 準備分担とタイムスケジュールの提案	予算の作成 タイムテーブルの作成 進捗状況の管理
準　備 9月〜10月初旬	参加児童の募集 菓子等の準備 小学校への告知 中学生ボランティアの募集	探検全般 ・アイテムの作成 ・褒美の品の作成	事業全般の進行管理 関係機関との調整
当日の運営	船会社との連絡調整 県教育庁との調整 ミッションポイントの運営 安全管理 記録	探検の運営 ・探検プログラムの進行 ・子どもたちの安全管理 ・中学生へのサポート	事業全般の進行管理 記録

資料3　2回目（2014年度）の役割分担

からはお礼の褒美の品（らぶちるの手作り）を受け取り、最後にこの日の感想を書いた紙をワインボトルに詰め、「メッセージボトル」として海に投函して事業終了となった。

②二〇一五年事業「ちびっこ海賊と謎の地図」

この年は、「村の歴史を子どもたちに触れてもらえる内容にしたい」というアイデアが「ぽぷり」の側から挙がった。そこで、『村のあゆみ』[5]などの図書資料を調査し、かつての佐井村の風景写真をヒントに要所をめぐるという企画でまとまり、「大海賊のひ孫が見つけた謎の地図を解き明かす！」というテーマとなった。ミッションのなかに歴史を感じる部分と普段はあまり行かない場所を取り入れることで、子ども目線による佐井村の良さを発見することをねらいとした。

一〇月三一日「津軽海峡文化館アルサス」に集合した子どもたちは、オープニングにおいて「雲丹《うんたん》」から届けられたＤＶＤを鑑賞した。これには「大海賊のひ孫が、海賊船を探検したところ謎の地図を発見した」というビデオレターが収録されており、その後大海賊から「この地図の謎を解くには、船にあった写真の場所

<table>
<tr><td></td><td>A グループ
（ピンク）</td><td>B グループ
（オレンジ）</td><td>C グループ
（黄色）</td><td>D グループ
（みどり）</td></tr>
<tr><td rowspan="2">第四関門</td><td colspan="4">ヒント c　「たかたたたいたぞたくたのたた旗に行け」
ヒント d　石鹸水の紙と水につける意味のヒント（仮）</td></tr>
<tr><td colspan="4">・蓬莱山に到着する。
・旗を立てかける→引き換えにビンを受け取る。
・みんながビンを受け取ったら、ニセ雲丹が極楽浜に誘導。</td></tr>
<tr><td rowspan="4">最終関門</td><td colspan="4">4 グループそろったら、みんなで極楽浜へ向かう。</td></tr>
<tr><td colspan="4">極楽浜到着
グループ毎に（誰が汲みにいくかは臨機応変に）瓶に不老長寿の水を入れてくる</td></tr>
<tr><td colspan="4">・湧水をかけるとヒントが浮き出てくる仕掛け。
→真っ白い紙に石鹸水で書いておいて、ヒント d として差し出したもの。
・薬は事前に窪みにこっそり隠す。</td></tr>
<tr><td colspan="4">岩のくぼみから薬を発見し、採取。</td></tr>
<tr><td rowspan="2">エンディング</td><td colspan="4">広場へみんなで戻る。</td></tr>
<tr><td colspan="4">広場に戻ったら大海賊が具合悪そうにしている。お話を始める。
「みんなが頑張ってくれているから自分も頑張ってここまで来れたんだ。だが、もうこれ以上無理だったからみんなをここで待ってた！」
・みんなで大海賊に薬と水を渡して、大海賊はそれを服用して回復！
大海賊から褒美を貰う　→大海賊が宝箱を持ってきて、お礼の言葉と共にみんなに渡す。
まとめ　グループでメッセージボトル作成
・グループにビン 1 本、紙 1 枚、ペン数本、ひも 1 本を配布。
・活動の感想やメッセージ、絵とか何でも自由に書いてもらう。
・「拾った人は捨てないでください」とか、佐井村教委の住所や大学研究室の住所とか書いた紙も同封。</td></tr>
</table>

<table>
<tr><td></td><td>A グループ
（ピンク）</td><td>B グループ
（オレンジ）</td><td>C グループ
（黄色）</td><td>D グループ
（みどり）</td></tr>
<tr><td rowspan="2">第一関門</td><td colspan="4">らぶちるから　ミッション１を受け取る。</td></tr>
<tr><td colspan="4">ミッション１　「旗をつくって、赤いバンダナの人に見せろ!」
・各グループに　布（40cm× 50cm）、木の棒（80cm）、カラーペンを配布。
・グループのマークを決めて、布に描き、棒に括り付ける。
・赤いバンダナを巻いたスタッフを広場に配置するので、確認してもらい、ミッション２を受け取る。
→ここで作った旗は活動中に持ち歩き、第四関門で集まる蓬莱山の麓に立て掛ける予定。記念写真の際にも使用。</td></tr>
<tr><td>第二関門</td><td colspan="4">ミッション２　「海の生き物の写真をとって、青いバンダナの人に見せろ!」
・仏ヶ浦を散歩して海の生き物を見つける。
・らぶちるメンバーのスマホで撮影し、保存。
・青いバンダナを身に着けたスタッフを広場付近に配置し、ミッション成功を確認してもらう。
・ミッションの成功が確認されたら、第三関門へのヒントを受け取ることができる。</td></tr>
<tr><td rowspan="5">第三関門</td><td colspan="2">ヒント a にわとりのイラスト</td><td colspan="2">ヒント b　如来の顔のイラスト</td></tr>
<tr><td colspan="2">双鶏門に行って
ぽぷりさんからミッション３を受け取る</td><td colspan="2">如来の首に行って
ぽぷりさんからミッション４を受け取る</td></tr>
<tr><td colspan="2">ミッション３　及び　ヒントカード
「動物の形の岩をみつけて写真にとって如来の首に行け」
・動物の形にみえる岩をみつける（子どもたちの豊かな想像力にゆだねる）。
・らぶちるメンバーのスマホで撮影し、保存。
・ヒントbもミッションの紙に書いておくので、如来の首へ向かう。</td><td colspan="2">ミッション４　及び　ヒントカード
「楽しそうな顔の岩をみつけて写真にとって双鶏門に行け」
・楽しそうな顔に見える岩を探し出す（子どもたちの豊かな想像力にゆだねる）。
・らぶちるメンバーのスマホで撮影し、保存。
・ヒントaもミッションの紙に書いておくので、双鶏門へ向かう。</td></tr>
<tr><td colspan="2">如来の首に行って
ぽぷりさんにミッション３の確認をしてもらい、ミッション４を受け取る</td><td colspan="2">双鶏門に行って
ぽぷりさんにミッション４の確認をしてもらい、ミッション３を受け取る</td></tr>
<tr><td colspan="2">ミッション４
「楽しそうな顔の岩をみつけて写真にとって双鶏門に行け」</td><td colspan="2">ミッション３
「動物の形の岩をみつけて写真にとって如来の首に行け」</td></tr>
</table>

資料４　2014 年まち探検の流れ（実施計画書から抜粋）

に行く必要がある。諸君、私の可愛いひ孫のために、謎を解き明かしてくれ！」と指令が出され、子どもたちは四つのグループごとに、謎の地図と昔の写真を手掛かりに探検を繰り広げた。回るポイントは、村中心部の古佐井・大佐井地区にある「旧若山家」、かつて北前船の船宿として繁栄した「能登屋本陣」、「旧佐井郵便局（現「モリピアたけうち」）、二〇〇六年に閉院した「旧佐井診療所」、京都祇園祭の名残を残す盛大な秋祭りで有名な「箭根森八幡宮」を回った。それぞれのポイントでは、「ぽぷり」のメンバーから、そのポイント地点にまつわる歴史クイズが出題され、子どもたちは四苦八苦していた。各ポイントを回った子どもたちが完成させた四枚の地図を合わせると「四《し》〇《お》三《さ》一《い》」という数字が見えてきた。「津軽海峡文化館アルサス」の近くに「しおさい」の付く場所は三ヵ所。子どもたちは推理をして意見を出し合い、二か所目の「しおさい公園」に隠されていたお宝を発見した。

（4）事業の成果と課題

三年間の事業から、「らぶちる」の学生たちはもちろんのこと、「ぽぷり」や村の子どもたちにとって、重要な事業として位置づきはじめている。事業終了後、関係者に行ったヒアリングならびに村教委から提出された内容評価書[6]からは大きくは次のようなメリットが述べられている。

① 高校や大学がないため、幼児や小学生児童が中学生、高校生、大学生と一緒に交流できる貴重な経験である

② 「ぽぷり」のメンバーは、打ち合わせ（事前調査）に積極的に参加し、経験と昨年までの反省をふまえ、より良い企画を作ろうと積極的に発言するなど、主体的参加の度合いが年々高まってきている

③ ボランティアとして参加している中学生も、自身が楽しみながら的確にサポートを行っていた。その姿を見ている現在の小学校高学年の児童が中学生になった時、その経験を生かしリーダーとして活躍できるのでは

10月31日晴天時のタイムテーブル

7：45	深作先生、らぶちる、アルサス海側駐車場集合
8：00	大人のスタッフ集合
8：30	参加者集合開始（アルサス）出欠
9：00	開会式
9：30	探検開始　地図作成（アルサス）、最後の謎を解く →しおさい公園でお宝（万華鏡）ゲット
12：00	児童解散
13：00	昼食・反省会（会場：佐井村役場　１階　和室）
15：00	現地後始末、協力者へのお礼の挨拶回り等（深作先生、らぶちる）
17：00	解散

☆探検で回る地点（この中から各グループ５地点）衣装は昔風で統一

・顔がなくなったこま犬（箭根森八幡宮）
・若山家
・佐井小学校
・能登屋本陣
・旧佐井郵便局（現「モリピアたけうち」）
・旧佐井診療所
・アルサス

☆各グループが回るポイント

へ	(4)	若山家→モリピアたけうち→能登屋→箭根森八幡宮→アルサス
行	(0)	佐井小→診療所→箭根森八幡宮→若山家→アルサス
け	(3)	診療所→箭根森八幡宮→モリピアたけうち→能登屋→アルサス
!!	(1)	能登屋→箭根森八幡宮→診療所→モリピアたけうち→アルサス

資料５　2015年度まち探検のタイムテーブルと探検したポイント（実施計画書から抜粋）

ないかと期待できる

④　参加児童のうち、半数近くがリピーターであるということから、このイベントに対する子どもたちはもちろんのこと保護者などの期待度がわかる

⑤　子どもたちがワクワクする大胆なストーリーで綿密な計画が練られ、細やかな配慮もなされている

この事業は、「ぽぷり」の活動支援としてスタートした。「ぽぷり」のメンバーからは、「大学生からたくさんの刺激を受けた。アイデアが豊富で創作した小道具や子どもたちとの関わり方、すべて学ぶことがあった」「三年継続しているうちに輪が広がってきている。様々な人たちが協力し合えるからこそ実現できる事業」「チラシを受け取った瞬間から子どもたちはもちろん

のこと、保護者も楽しみにしている」などのコメントが出されている。「ぽぷり」のメンバー自体は増えていないが村内での認知度は高くなってきており、この事業にもスタッフとして協力してくれる村民が着実に増えてきている。当初は想定していなかったことであるが、中学生がボランティアとしての参加も定着しつつあり、三年間続けて参加している児童一〇名のうちの数名が今春中学生になることからも、村にジュニアリーダーの誕生という期待も芽生えつつある。

「らぶちる」のメンバーからも一人一人ヒアリングを行っている[7]。佐井村の事業は、学びと気づきのインパクトが大きいようで、普段の活動で大切にしている基本姿勢を活かしながら、子どもとの遊びを手段とした「地域支援」への手応えを実感しているようだ。子どもたちと関わることはもちろんのこと、育児中の母親である「ぽぷり」のメンバーをはじめ、村教委職員、この事業に賛同して関わってくれている村民の方々、中学校のボランティア担当教員、ボランティアスタッフの中学生など、多彩な人々と連絡を密にとりながら事業を練り上げて実施に導く一連の過程からの学びが大きく、三年生や四年生からは「情報共有」と「合意形成」の大切さと難しさを学び取っていることが明らかになっている。子どもと関わる力量形成に留まらず、地域と協働していくうえでのコーディネート力育成という点からも、非常に意義深い事業であるということができる。

課題も明確になりつつある。毎回ゼロベースから構想を練り上げていくとともに、まち探検で使う小道具・大道具や子どもたちへ渡す褒美の品に至るまで、「らぶちる」の学生たちが一つ一つ手作りし、臨場感を増すため細部にまで様々な工夫をしている。試行錯誤をしながら制作するため、八月・九月の夏季休業期間中はほぼ毎日準備に費やす。教育実習や就職試験の時期とも重なる三・四年生は、タイトなスケジュールのなかで準備に参加している。自分たちがやりたいからこそ自主的かつ主体的に一つ一つの作業を真摯に向き合いながら進められるのであるが、仮に佐井村にジュニアリーダーが組織化されるということになれば、制作のノウハウを地域に伝授していく方法についても検討していかなければならない。

おわりに

これまで述べてきたように、大学開放は「公開講座」を基本手段として行われてきた。今日の日本社会は、教育だけでなく産業・教育・福祉などあらゆる領域において「再生・再構築」を必要としており、とりわけ地方は財政の窮迫と地域共同体機能の崩壊は深刻である。その影響は地域住民の相互学習機能、すなわち自治体社会教育の脆弱化にまで及んでいる。このことから、地方国立大学が培ってきた社会教育・生涯学習の教育と研究の価値を見つめ直し、今日的な地域課題に対応していくことが求められる。具体的には、地域の「再生・再構築」のための主体形成を目指した学習内容の開発、相互学習や連携・協働のシステムの開発などが挙げられる。そこには、研究者の研究成果を地域に還元するという関係性ではなく、地域と研究者（大学）、が協働して地域課題の解決に取り組むというような双方向的の関係性の構築を必要としているのである。

さらに、「地（知）の拠点整備事業」などでは、学生の実践的教育の場、地域参加活動の場としての教育システムの構築をも柱に据えた大学と地域の関係作りが求められている。学生が地域社会と関わることでの可能性としては松本大学での取り組み[8]や本稿で紹介した「らぶちる」の実践[9]は示唆に富む。

大学開放において教育を担う教員が主体であることは当然であるが、山本珠美の先行研究（山本、二〇一二：山本、二〇一四）からも、「子ども」が対象である場合は特に、大学生が大学開放の主体を担うことへの可能性を示唆している。

本章で取り上げた実践事例は、「まち探検」事業の参加者は「子ども」であるが、子育てサークル「ぽぷり」の活動支援と育成という目的を内包しており、ヒアリングなどからは互恵性があることが確認されている。このことから、地域と大学の協働による地域課題の解決を目指した教育実践という点において、生涯学習教育研究センター教員のマネージメントにより、大学生が大学開放の担い手として十分役割を果たしているということができる。とりわけ、「らぶちる」のような課外活動は、「主体的な参加」であることが前提にある。だからこそ、彼らの柔軟な発想と真摯に向き合う姿勢にもとづき、固定観念に縛られない学習機会の提供と双方向的の関係性の構築、この二点において可能性がある。

しかし、これだけでは十分とはいえない。地域との接点が乏しい、とりわけ生まれ育った地域から離れた地域の大学に在籍している学生にとって、地域社会と関わることはたやすいことではない。それだけではなく、地域参加の経験の乏しい学生は、いざ地域に出ていっても「何をどうしたらよいかわからない」だろう。筆者が行った調査から、地域参加活動に参加している青少年は、知識やキャリアよりも、「スキル」や「マインド」「センス」を重視した相互学習が自覚的に行われていることを明らかにした[10]。すなわち、地域社会への参加機会の提供だけでなく、彼らの自身が活動を通して得られる学びを自覚化し、より主体的な地域社会への参画に発展していけるような教育・学習環境の醸成が重要であることを示唆しているのである。

使命とビジョンを明らかにしながら、地域社会への責任、応答関係の構築を実践的に探究することが生涯学習系センターの主要な研究課題（村田、二〇一三、三八頁）と掲げているように、当センターが蓄積してきた地域との関係性を活かし、「らぶちる」のような学生教育を意識した地域社会との協働を目指した実践は、①生涯学習教育研究センターが果たせる地域を志向した学生教育の内容、②大学（研究者・学生）と地域社会とのコーディネートのあり方など、これまでの生涯学習に係る教育研究の蓄積を活かした社会技術を開発していくことが、地方国立大学の生涯学習系センターの新たな使命なのではないかと考えている。しかしながら、本稿で取り上げた取り組みは、小栗が「個人的実践という域にあり、大学の組織として機能し、広く社会に伝えられているとは言い難い」[11]と指摘（小栗、二〇一八、四七頁）するとおり、大学組織として一般化はできていない。今後も実践的な探究のなかで明らかにしていきたい。

注

1　全国国立大学生涯学習センター系研究協議会二〇一三年度総会資料を参考に、深作が再調査して確認した。
2　文部科学省『地域の自立とまちづくりを担う人材育成調査報告書』、二〇〇五年、一九〇頁。
3　「学都弘前」の子育ち・子育てしやすい街づくりプロジェクトチーム（研究代表：深作拓郎）による弘前市受託研究『大学の力を活用した子育ち・子育て支援プログラムの検討』研究報告書、二〇一三年。
4　この基準では、「児童厚生施設における遊びの指導は、児童の自主性、社会性及び創造性を高め、もつて地域における健全育成活動の助長を図るようこれを行うものとする。」と定められている。児童健全育成財団では児童厚生員二級・一級の資格を取得するためのカリキュラムを編成して人材を養成し質の向上を図っているが、「らぶちる」においてはカリキュラムをそのまま準用することが不可能であるため、学生が地域社会に出て「子どもの遊びを指導するとは何か」について、問い直しながらの質の確保に努めている。
5　佐井村編『村のあゆみ―佐井村村制施行１００周年記念写真集』、一九九三年。
6　当センターでは、事業終了後に企画担当者（大学と自治体の共催事業の場合は自治体の担当者）から、実施要項に掲げた「ねらい」や事業内容等の振り返りを文書で提出してもらい、省察的考察を行っている。様式などは特に指定していない。

7　ヒアリングは、科学研究費助成金（若手Ｂ）「地域活動を通した子どもの主体形成と大人の役割」（研究代表：深作拓郎）の調査の一環として実施した。実施期間：二〇一五年一一月中旬～二〇一六年一月初旬。佐井村の事業に参加した一四名の学生から協力が得られた。

8　詳しくは、白戸洋『まちがかわる―若者が育ち、人が元気になる』松本大学出版会、二〇〇九年、に紹介されている。

9　深作拓郎・岸本麻依編『大学生が本気で考える子どもの放課後―弘大生の地域参加とプレイワーク実践』、学文社、二〇一八年。

10　前掲七。一〇代～二〇代前半の青少年が参加する地域参加活動について参与観察を中心にヒアリングなども試みながら調査をした。

11　前掲9に対する小栗の書評から抜粋。『月刊社会教育』二〇一八年一〇月号、国土社、四六―四七頁。

参考文献

姉崎洋一（二〇〇八）『高等継続教育の現代的展開―日本とイギリス―』北海道大学出版会。

猪山勝利（一九九八）「生涯学習の推進と大学生涯学習教育研究センター」『高等教育と生涯学習』（日本社会教育学会年報四二集）、東洋館出版、二三〇―二四〇頁。

上杉孝實・香川正弘・河村能夫編（二〇一六）『大学はコミュニティの知の拠点となれるか―少子化・人口減少時代の生涯学習―』ミネルヴァ書房。

小川利夫・倉内史郎（一九六四）『社会教育講義』明治図書、一六一―一六五頁。

小川利夫・山野晴夫（一九八〇）「大正デモクラシーと社会教育―自由大学運動の現代的考察―」碓井正久編『日本社会教育発達史』亜紀書房、一一九―一四七頁。

木村純（二〇一一）「大学と地域を結ぶ学び」社会教育推進全国協議会編『社会教育・生涯学習ハンドブック第8版』エイデル研究所、六六〇―六七六頁。

国立教育研究所編（一九七四）『日本近代教育百年史7社会教育（1）』。

高橋満（一九九八）「福祉国家の変容と継続高等教育」『高等教育と生涯学習』（日本社会教育学会年報四二集）東洋館出版、

一一―三八頁。

出相泰裕編（二〇一四）『大学開放論―センター・オブ・コミュニティ（COC）としての大学―』大学教育出版。

久田邦明（一九九八）「高等教育と生涯学習―社会教育研究の課題―」『高等教育と生涯学習』（日本社会教育学会年報四二集）東洋館出版、一〇―一九頁。

村田和子（二〇一一）「大学の生涯学習実践―『大学と地域の連携』の双方向性を探る―」『和歌山大学地域連携・生涯学習センター紀要・年報』第一〇号、三一―三八頁。

村田和子（二〇一三）「『大学と地域の連携』に関する考察―生涯学習センターを中心に―」『和歌山大学地域連携・生涯学習センター紀要・年報』第一一号、三三―四三頁。

文部科学省（二〇〇五）『地域の自立とまちづくりを担う人材育成調査報告書』。

山本珠美（二〇一二）「学生主体の地域貢献―香川大学におけるミュージアム・レクチャーの取組―」『香川大学生涯学習教育研究センター研究報告書』香川大学生涯学習教育研究センター、三一―四六頁。

山本珠美（二〇一四）「子ども対象の大学開放事業―大学生が企画する公開セミナーの取組―」出相泰裕編『大学開放論―センター・オブ・コミュニティ（COC）としての大学』大学教育出版、一三九―一四八頁。


【付記】

小論は、「生涯学習教育研究センターの新たな役割について考える―学生と地域社会教育の関係づくりを例に―」弘前大学生涯学習教育研究センター年報第一七号、二〇一四年五月、を加筆修正した上で、「大学生が担う大学開放事業に関する一考察―『ちびっこ海賊の佐井村まち探検』三年間の取り組みを例に―」、弘前大学生涯学習教育研究センター年報第一九号、二〇一六年五月を採録してまとめたものである。

第5章　あるＮＰＯ実践者の「生」と学び

障害とＮＰＯをめぐる権力関係に抗して生きること

松本 大

1　生きることと学ぶことを分析するとは

（1）「生きることそのもの」としての学びの分析視角

生きることと学ぶことは切り離すことができないと言われる。その「生きることそのもの」としての学びをいかに捉えるのか、ということが本章の関心である。具体的には、あるＮＰＯ実践者のライフストーリーに焦点を当てる。抽象的・理念的な存在としてではなく、具体的にＮＰＯで実践し生活する個人は、自らの生をいかに生き、いかに「学習」しているのか。具体的存在としての個人の学習過程に着目していく。

「生きることそのもの」としての学びを捉えるとき、最初に指摘すべきいくつかの概念的・方法論的課題が存在する。第一に、学習を人生全体、生活全体から捉えるということである。この意味で、学習の個人的・認知的側面を重視する変容的学習論や自己決定型学習論の立場にたつことはむずかしい。多くの研究者が論じてきたように、それは学習が起こる社会的文脈や社会的相互作用の多くを捨象している（Wilson, A. L., 1993; Inglis, T. 1997; Caffarella, R.

& Merriam, S. B., 2000)。

さらにそれらの学習論においては、個人の変容や学習が、講座等での短期的で限定的な機会における変容や学習を意味するもののとして矮小化される。例えば、安藤耕己（二〇〇四）が小集団学習の学習過程分析に関して指摘しているように、それは「意識変容」を表面的にしか理解できず、学習者の背後にある日常生活や生活史に着目することができない（安藤、二〇〇四、四六―四七頁）。同様に、槇石多希子（二〇〇五）も、女性問題学習について、意識化の契機を講座や学級だけに限定してしまうことで、学習者とその学習が生活構造から切り離されてきたと指摘する（槇石、二〇〇五）。つまりそれは個人を「生活者」としてではなく、講座等における〈いま―ここ〉の「学習者」としてしか捉えられない。個人の人生全体、生活全体を対象とした広い視点からの分析が必要である。

第二に、複数の実践コミュニティの越境として学習を把握することである。状況的学習論ないし実践コミュニティ論は、正統的周辺参加という概念を用いて、学習を実践コミュニティへの参加の過程でありアイデンティティ形成の過程と捉えることで、確かに学習者個人と社会・集団との相互関係、そしてその軌跡を描いてきた（レイヴ&ウェンガー、一九九三）。しかしながら、それでも学習者を具体的存在として捉え、学習を生活全体から描くには一定の留保が必要となる。なぜなら、レイヴとウェンガーは、実践コミュニティを単一のものとして想定してきたからである。つまりレイヴらは、個人を複数の実践コミュニティに同時に参加する「越境者」として描いてこなかった（高木、二〇〇一、一〇六頁）。実際に、個人の学習やアイデンティティは単一の実践コミュニティの内側でのみ形成されるわけではない。むしろ学習やアイデンティティは重層的に重なりあう複数の実践コミュニティから内在的外在的に影響を与えられながら形成されている（田辺、二〇〇二、一八頁）。

第三に、学習をめぐる「パワー」の作用である[1]。多くの論者が実践コミュニティ概念を権力の観点から批判している。例えばフェンウィック（Fenwick, 2000）は、実践コミュニティは主体の抵抗のイシューに沈黙していると指摘する。すなわち、実践コミュニティは「特定可能な中心性の存在を前提としており、ヒエラルキーとしての参加を受容するシステムの統治に無関心であるかのようにみえる」(Fenwick, 2000, p.256)。

つまりレイヴやウェンガーは、実践コミュニティによる相互作用にもとづくアイデンティティ形成を過度に理想化してしまっているといえる。人は日常生活において権力作用にさらされ、権力に依拠しながらアイデンティティを獲得するにもかかわらず、実践コミュニティ概念は調和的である（田中、二〇〇二、三五二頁）。アイデンティティ形成にとって権力の作用は決定的に重要となる。実践コミュニティ論が想定するように、アイデンティティは実践コミュニティへの一方向的な同一化や協調によってのみ形成されるのではない。むしろ不安、抵抗、差異化、妥協、あるいは葛藤などによってアイデンティティは具体化する（田辺、二〇〇三）。

第四に、こうした営みをどのように具体的動態的に描くのかという実証的・方法論的問題である。「リアリティ」は個人が日常生活で与える意味から絶えず構築されるのであり、その意味で、個人が意味づける主観的現実を内在的に考察すること、そしてその個人が与える意味や経験から学習、さらには社会や文化を読み解いていくことが求められている。

ここまで、「生きることそのもの」としての学びに関する分析視点として、人生全体・生活全体からの分析が求められること、また実践コミュニティをめぐる重層性や権力関係を視野にいれること、さらに主観的現実を内在的に検討しつつそこから社会や文化について考察するための方法論が必要であること、の四点について説明してきた。つまり「生きることそのもの」として学びを分析するということは、単に生涯にわたる学習の軌跡を過去から現在まで羅列し描写すればよいということではない。これらの検討課題を乗り越えるために本章で用いるのが「ライフストーリー」によるアプローチである。

（2）ライフストーリーと成人教育研究

元来社会教育・成人教育とはナラティブであり、ナラティブを語ることであるといえる。実践にかける人々の「思い」や「語り」があり、それへの共感や共鳴から実践が広がっている。そもそも私たちは経験をストーリーによって理解している（Rossiter & Clark, 2007, p.3）。この意味で、社会教育・成人教育とはナラティブのアンサンブルなのである。

ライフストーリーをめぐる教育研究の先行研究において、これまで活発に行われてきたのは教師のライフヒストリーについての研究である[2]。管見では、社会教育・成人教育研究において「ナラティブ」は、①共同学習・生活記録などの教育実践の手段、②事例を説明し実証する手段、として用いられてきた。前者においては、近年においても高齢者の自分史学習の実践[3]、さらには家族療法におけるナラティヴ・セラピーなどが示すように、人生を物語ることを通した語り手のアイデンティティ形成をめざす実践が蓄積されてきている。

しかし、後者、すなわちライフストーリーそれ自体から個人の学習過程を分析する研究は社会教育・成人教育研究においては実はまだあまり多くはない[4]。分析のなかでライフストーリーや語りが用いられる場合であっても、それは講座など「個々の『在学した』経験総体を問うことに主眼」（安藤、二〇〇四、八四頁）が置かれているのであり、人生全体を通した個人の学び、ましてやそこから個人と社会との関係性が問われることはなかった。いずれにせよ社会教育・成人教育研究ではライフストーリーを「語る」ことの教育的方法や効果に焦点が当てられることがあるが、「ライフストーリーそれ自体」から個人と社会との力動的な関係を読み解き、そのなかで生きる個人の「学び」

のあり様を分析することはあまり行われてきていない[5]。現代のライフコースが複雑でリスクの高いものであることは認識されていても、そのなかのバイオグラフィカルで状況的な学習は理論化されてきていないのである（Alheit & Dausien, 2007, p.68）。

さて、個人の語りを通して生活や世界を描こうとする背景には、客観的な知識や量的調査を中心としてきた伝統的な社会科学が「生きられた現実」から乖離してきたことへの反省がある。伝統的に、社会科学は研究者こそが社会や文化、そして生活を説明するに足る知識をもっていると捉えてきた。それに対して、ライフストーリー研究は、そうした既存の社会科学の知識に対する批判、社会制度に対する葛藤などを研究テーマとしてきた（桜井、二〇〇五、二九頁）。それはこれまで社会から無視され、抑圧・排除されてきた人たちの自己表現に光を当てるものであり、いわば「生活者からの問題提起」である（桜井、二〇〇二、二〇〇五）。そのようにしてこれまで排除されてきた人々が自己の人生経験を語ることは、語り手のアイデンティティ形成につながるのはもちろんのこと、生活者の側から社会的世界に意味を与えることで社会における様々な問題を明らかにしていく。もっと言えば、それは社会変革の基本的な道具とさえなりうるのである[6]（桜井、二〇〇二、二〇〇五）。

このようにみると、ライフストーリー研究には、社会的に排除され、抑圧的な状況に置かれた個人の主観的現実を通して社会のあり様を考察できるという可能性がある。つまり個人に作用している社会的な権力関係について、個人の人生全体ならびに生活全体という広い視点から「生活者からの問題提起」として具体的・内在的に描写できるといえよう。

以下では、あるＮＰＯ実践者のライフストーリーを分析することで、個人の学習過程を検討していく。Ａさんは、障害者の弟を持ち、ともに生活しながら、福祉関係のＮＰＯ実践を行ってきた。Ａさんのライフストーリーを通して、障害者家族やＮＰＯをめぐる日常的な権力関係の実際をみると同時に、Ａさん自身がそのなかでいかに生きてきたのか、そしてそのときの学びの意味について捉えていく[7]。

2　Ａさんのライフストーリー

(1) 弟の交通事故

Ａさんは東北地方Ｘ県在住の五〇代の女性である。Ａさんは X 県に生まれ、小学校のときから家族で隣県のＹ県に住むようになった。そのＡさんが高校生の頃、弟がひき逃げで交通事故にあってしまう。結局、犯人も捕まらないまま、その事故が原因で弟は障害を抱えることとなった。それを機に、父親は入院費等で借金を抱え、結果的に酒びたりとなってしまう。母親も子どもの世話やそうした父親に耐えかねて家を出て、結局行方がわからなくなってしまった。こうした親には近所から冷たい視線が投げかけられる。そしてそれはやがて子どもであるＡさん自身にも振りかかることとなった。

Ａ：周りの人が気の毒がってねえ。「子どもさんたちがそんなに真面目に一生懸命やってんのに、親は何なんだよ」みたいな感じでね。しまいには、周りの子どもたちも「あそこの子どもと遊ぶな」とこうなるんですよね。親がそうなると。

Ａ：（Ｙ県にいた頃は）何にも良いことが記憶になかったんですよ。弟が事故になって、父がそういうことになって、母がこうなって、とか。「あそこの子どもたちと遊ぶとろくなことないから」とかって言われてるような時期だったから。（NPOでの活動のように）人に何かをお伝えするっていうよりも、排除される立場だったわけですから。

もともと、障害者家族には父親不在の傾向があるということが指摘されている（土屋、二〇〇二）。つまり子どもの世話や訓練は母親が担うという障害者家族特有の母子一体構造のなかで、父親の存在は希薄になりやすいという[8]。途中から家庭から母親が不在となったAさんの場合、ただでさえ希薄な存在となりやすい父親に様々な責任が降りかかった。しかし、Aさんの家族のようにその父親も十分に責任を負えなければ、それはすべて子どもに降りかかる[9]。つまり長子であるAさんが弟の面倒をみる責任、家族が被る「排除」の経験、その多くを親代わりとなって次第に被ることになっていった。

（2）「子守り奉公」

入院費等で生活が苦しくなったために、Aさんは高校に通うこともむずかしくなった。Aさんは親に高校をやめて働くように言われる。それでも学校に通うことを諦めきれないAさんだったが、そこにY県内の大学の先生が支援をしてくれることとなった。

A：やっぱり学校に行きたかったけども、親には学費なんかもう出せないから働けって言われて。そしたら学校の先生の手伝いということで、Y大学の教授だったんですけども、その先生がみてくれて。ただ、あれだとしょうがないだろうから、子守りしろって言われたんですね、私が。

＊：その先生の。

A：はい。子守りをしろって。それでお金をやるから学校に行けって言われて。でも大学にも行きたいんですって言ったら、「うん、出してやるから、家のことをやれ。だから勉強しろ」って言われて。

Aさんはこれを「子守り奉公」と呼んでいる。これ以降、Aさんは高校卒業までこの先生のもとで下宿をして、子守り代をもらいながら学校に通うこととなる。子守りとアルバイトを両立させていくことで、なんとか高校生活を送ることができた。もしかしたらこのまま大学に進学できるかもしれない、という期待もふくらんでいたが、実際にはAさんは進学ではなく就職を選択する。就職を選択した理由には、まずは家族の面倒をみなくてはいけない、ということがあった。しかし他方で、Aさんはインタビューが進むと、より内面的に就職を動機づけたものとして、そして人生の転機となったものとして、次の経験を語ってくれた。

A：大学の先生のところで、何を一つ言われたのかというと、それが私のいまだに大きなあれになっているんですけど、貧乏だから、とか、教育がないから、学歴がないから、と言って、もの言わない人間が一番良くない、って。言うときは対等だよ、って。でも対等っていうことは、何でもしゃべればいいっていうことではない。きちっと自分なりに考えて、私はこう思います、あなたはどうですか、って言って、初めて対等だよ、って。だから、貧乏だからって、Aちゃん我慢してたりすることはない、って言われたんですね。そういうちょっとした言葉が、人生を変えてくれるんですよね。何も大げさなことではなかった。今のあなたを見てると、貧乏だから何も言えないようにみえる。それから我慢している。それは違うよ、って。それで、先生のところにいたんではダメだって思ったんですね。やっぱりきちっと、軽く言うと、（笑いながら）全国区にならなきゃダメだなって思ったんです。田舎で、こういう子守り奉公してたんではダメだ、って。「おしん」だから。それではダメだと思いました。

＊：外に出ないと＝

Ａ：＝出ないとダメだと思いました。その言葉を聞いてね、自分を豊かにしなきゃいけないんだな、って。

先生に言われた「言うときは対等」という言葉は、それまで「貧乏だから、我慢して、何も言えなかった」Ａさんの認識を次の二点において変えるきっかけとなったといえよう。

第一に、Ａさんが自身の自己概念が「貧乏」や「学歴」といった属性と結びついていることに気づき、それを吟味する契機となった。Ａさんの語りに示されているように、たしかに以前はＡさんの自己概念は「貧乏」や「学歴」と結びつけられてきたわけだが、先生からみれば「貧乏」や「学歴」そのものが問題だったわけでない。Ａさん自身が「貧乏」や「学歴」に対して与えている「意味」が問題だったのである。「我慢している」という語りが示唆しているように、Ａさんはそれらの属性が自分にはどうすることもできない、変えられないものとして、宿命的に受け入れて諦めていた。それゆえに、「何も言わない」という行為が行われていたのである。

先生の言葉は、「貧乏」であること、「学校」に通えないことといった属性に「我慢」せずに、主体的に自分自身を意味づけることが必要であることを喚起した。だからこそＡさんは最後に「自分を豊かにしなきゃいけない」と語っている。そしてＡさんは自分を磨いて、自分を豊かにするために、まずは「全国区」になること、つまり東京に出て働く決心をしたのである。

第二に、先生の言葉は、Aさんに「声をだすこと」の重要性を示すものであった。ヘイズ（Hayes, 2002）は、女性の学習をめぐる「ボイス」（voice）の意味には次の三つがあると指摘する。すなわち、「談話（talk）としてのボイス」、「アイデンティティとしてのボイス」、「パワーとしてのボイス」である（Hayes, 2002, pp.79-109）。「ボイス」は女性のアイデンティティ形成に重要な役割を果たすと同時に、個人的・社会的なエンパワーメントの手段となるというのである。

「言うときは対等」、つまり対等な関係でボイスを出す、という言葉は、次の二つの意味合いの重要性をAさんに自覚させることとなった。一つには抑圧的な状況に置かれていても自分を表現することの重要性であり、もう一つにはそのときのコミュニケーションにおける民主的な関係性である。特筆すべきは、Aさんの語りにもあるように、このことが「自分の豊かさ」と結びつけられたことである。Aさんからすれば、「ボイス」がなかったそれまでの自分は「豊か」ではなかったわけであるから、「ボイス」によって「豊か」になれるのではないか。自分を磨くためには「ボイス」が重要ではないか。「ボイス」をめぐるこの先生の言葉は、後のライフコースにまで影響を及ぼすこととなる。つまりAさんのアイデンティティ形成とエンパワーメントに大きな役割を果たすこととなる。

(3) 就職、結婚、そして再び学校へ

こうした経緯をへて、高校卒業後、Aさんは東京の企業で働くことになった。その企業は社員の福利厚生に熱心に取り組んでおり、社員が働きながら大学等で学ぶことにも協力的であった。Aさんはそれを利用して、働きながら、そして家に仕送りをしながら、「自分を豊かにするために」大学受験にも挑戦する。

A：勉強したい人には、会社は資金こそ出してくれないけども、早く帰れるようにしてくれたりとかね。そういうことで一応は会社に行きながら、いろいろ大学に受験して受かりましたけど。でも、これまた、勉強しながら仕事してっていうのはキツイもんで。アハハハハ。

＊：ああ、そうですよね。

A：そうです。で、実際、家族をみながらっていうと。で、これはダメだなと思って、結婚を決意しました。アハハハ。一人じゃ面倒見切れないけど、旦那さんがいればできるなって思ったんですね。

＊：そうですね。はい。

A：「いいよ」と。家族のそういうこともあるし、勉強したいんだったらば、すればいいと。

ここに示されるのは、学校や勉強への強い渇望であり意欲である。働いて、仕送りを続けながらでも、それでも学校に行きたい。たしかに高校には在学していたが、「子守り奉公」で十分に勉強できなかった。こうした経験や思いが出発点となり、時間的・体力的などの問題から実際には大学には聴講生というかたちで入ることとなったものの、結婚後も学校での学習は継続される。その頃には弟たちも社会人となり、少しは家計が楽になってきた。Aさんは大学や職業訓練校など、単発ながらも必ず何らかの学校に所属して勉強をしていたのである。

A：続くのかどうかな、って言いながら、単発ですけど、ずっとではないんだけど、常に学校に行く。そういうふうにしてたんですね。

Aさんは、「常に学校に行く」ようになった契機として、大卒社員の存在を指摘する。

A：会社に入って知ったんですよ。学閥がすごかったんですね。上が東大だと、その下が皆東大卒とか。この人脈って何だろうって思ったんですよ。でも、みんなユニークだったの。だから、大学ってこういうところなんだ、っていうのを会社で知って、やっぱり行きたいって思ったんですね。ただ聴講して、単位なんか取れなくたっていいって。ユニークな発想とか人脈とか、そういうのを知ることが豊かになることなんだってのは、大学のキャンパスのなかで身についた。

このようにAさんは、大学に行く動機として福祉や障害などに関する専門知識の獲得ではなく、人脈を挙げている。様々な人とつながり経験することが生み出す力や豊かさを求め、実際にキャンパスでそれらを身につけたという。そうしたつながりが生む「力」や「豊かさ」とは、経済的な「力」や「豊かさ」ではない。それはソーシャル・キャピタルとしての「力」であり「豊かさ」と言っていいだろう。つまりAさんが大学に行く目的は、さまざまな交流や経験を積んで自分が人間的に「豊か」になるため、であるとも指摘できる。

(4) 絶えず学校や勉強に関わる

Aさんによれば、このように絶えず学校や勉強に関わるようになった理由には、「貧困から脱出したい」という思いがあるという。

＊：勉強し続けたり学習し続けるというのは、大変なことだと思うんですけど、それを支えたエネルギーはどこから生まれたんですか。

Ａ：貧困からの脱出だったと思います。

＊：貧困からの脱出っていうことを、とにかく目指して。

Ａ：常にありましたね。それから、貧乏でもお金持ちでも、「言うときは対等」というのが私にとってはスタートでした。皆人間は平等というところでしたね。じゃ、「貧乏からも脱出できるんだね」って。

こうして学び続けるＡさんは、生涯にわたる学習とは「死ぬまで生き続けること」であると語る。人生は問題解決の連続であり、学習はその問題解決の方法を豊かにするために必要なのだという。

Ａ：人生って問題解決のための道のりなんだ。常に問題があり、課題があり、それをこなしていく。それが生涯学習なんだろう、だから、死ぬまで生き続けることが生涯学習だろうし、人生とは問題解決のための道のりなんだって思ってるんですね。それを豊かにするために必要な学習がある。私にとってはそうでした。学習を常にしていくと、生きづらくなったときに、その学習をしてきたこと、経験したことが、問題解決のための足掛かりになっていくんだろうと思うんですよね。私はいつも困難なことを目の当たりにしたときは、「生き続けるまで、生き続けてれば、何かそこの先にあるんだ」って思ってるから。生涯学習は死ぬまで生き続けることなんだろうって思ってます。

こうしたAさんの考えに示されているのは、教育や学習が人生そのものとして捉えられているだけではなく、困難な人生における希望として位置づけられているということである。

（5）福祉だから福祉だけ

勉強についての話の途中でAさんの語りは、障害者家族をめぐる語りへと切り替えられた。

A：話があっちこっちいって恐縮ですけど。
＊：いえいえ。どうぞ。
A：結局、障害者を抱えていたりすると、家族も、うーんと狭くなるんですよ。その子だけに関係する道筋だけ行ってしまって。
＊：あー。うん。
A：私は、そういう障害になった弟を私が看なくちゃいけないといったときに、やっぱり自分も弾力ある人生を歩みたかったの。（弟と）付き合っていくには、恐らく、いろんなものを身につけていかないとダメなんだなっていうのを感じたの。障害者だから障害のことだけ知っていればいい、それから福祉だけ知っていればいい、というだけじゃなくて、いろんなことを知るっていうのかな。そういうことを経験して、私が豊かになることで彼が豊かになっていくんだろうな、っていうことは実感してる。だから今も、福祉だから福祉だけっていうのは、私はとっても怖いくらい嫌なの。

＊：うんうん。うんうん。

Ａ：凝り固まってしまう？　だから、そういうのに関わる自分も豊かであってほしいなっていうことで、いろんな経験をしたということですよ。

Ａさんが障害者家族をめぐるソーシャル・キャピタルが狭く、しかも同質的であることを語っているのは、それはＡさんの場合も例外ではないからだ。実際、Ａさんの弟は障害者同士で結婚をし、Ａさんも別の弟も、同じ福祉ＮＰＯにおいて活躍してきた。そうした状況にあるからこそ、逆にＡさんは、様々なつながりや経験を広くもつことで自分が「豊か」になることの重要性を語るのである。そしてそのようにして自分が「豊か」になれば弟も「豊か」になれる。

このように学校に通い、様々な経験やつながりを持ちソーシャル・キャピタルを豊かにすることは、Ａさんからすれば、もちろん第一に、弟を「豊か」にするための現実的な手段である。

しかし第二に、それは障害者家族をめぐる現実、言説といった権力関係に対する「抵抗」の意味合いも含んでいる。ソーシャル・キャピタルを豊かにするということは、障害者家族の狭く同質的なソーシャル・キャピタルという現実に同化することなく、抵抗していくことを必然的にともなっている。つまりそれは障害者をめぐるパワーや権力関係の再生産に対するＡさんなりの抵抗の手段といえよう。障害をめぐる権力関係の現実に同化してしまえば「豊か」になれない。同化することが容易であり支配的であり、それでいて問題点を抱えているからこそ、それが「怖いくらいに嫌」と語られるのである。だからこそ、ソーシャル・キャピタルの広がりという形でそこに抵抗していくことが、Ａさんなりの自分も弟も「豊か」になるためのアプローチとなっているのである。

（６）ＮＰＯをめぐる葛藤

ここまでＡさんのライフストーリーに描かれてきたように、Ａさんは大学など、あえて福祉領域とは異なる場で自分と向き合い関係性を育むことで、自分を「豊か」にしようとしてきた。

しかしながら、そんなＡさんも、図らずも福祉領域へと足を踏み入れることとなる。結婚後首都圏で暮らしていたＡさんだったが、田舎で大きめの家を借りて生活したいという思いから、四〇代になってＸ県Ｚ地域の小さな町に越してきた。すぐにどこからか聞きつけたのか、地元の人が「都会から福祉に詳しい人が来た」ということで相談をしにきた。それは、地元で高齢化がすすんでいるため高齢者のための活動を何かしたい、ということであった。そこでＡさんはＮＰＯの設立をすすめ、実際にそれをもとにしてＮＰＯ法人「Ｎ会」が作られた。Ａさんはあくまで地元の人が中心で活動をすべきだと考え、自身は事務局として側面的に参加することにした。ところが、当時、町ではＮＰＯに対する認知度がまったくなかった。

Ａ：ＮＰＯがわかんなくて。何なんだ、それ、って。どういう外人来るのや、って。ＮＰＯって外人が来るらしいって大騒ぎになって。

＊：その喩えは初めて聞きました。

Ａ：えー。ほんとに。だから気をつけろって言っていたらしいですよ。「おらいの父ちゃん、その外人に騙されんじゃないか」とか、家族が心配してたらしいですよ。

＊：じゃあ、きっと都会も外国に見えたんでしょうかね。

Ａ：そうそう。「都会の何ていう人やー」と。「でも、こんな田舎に来るってことは何かあったんだべ」と。「だから騙されないようにしろ」とか「金だけふんだくられないようにしろ」とか。こちらが地域の人たちにご挨拶にうかがったときは、「ところでや、墓はどうしたんだ」って言われて。結局、そこに居座るかどうかが一番。「私は別の市にありますけども」って言ったら、「それからだな、話は」って。

地域からの奇異なまなざしは、「ＮＰＯ」だけに向けられたものではなかった。それは「ヨソモノ」であるＡさん自身にも向けられていったのである。行政も行政で、Ａさんいわく、「どっから来たの」「何すんの」「そんなのうちではやったことない」の三つの言葉だけで、話が進まない。そしてそのうち、地元企業からＮ会の活動について騒ぎ立てられてしまう。

このように、地域住民、行政、地元企業からのＮＰＯに対する奇異なまなざし、そしてＡさん自身にも向けられるまなざし、という権力構造のなかでＡさんのＮＰＯ活動は展開している。そうした視線は、地域社会とはほとんど関係のないところからも日常的に何気なく向けられることもある。

Ａ：言われましたね。大企業の営業マンに。「貧乏で、貧乏してて、障害者抱えて、なんでＮＰＯやってるんですか？」ってはっきり言われました。

＊：会社で働けばいいのに、ということですか。

Ａ：うん。「何でこんなことやってんのや」って言われましたよ。大企業の課長さんにだよ。だけどその人はその人なりにきっと違う問題抱えて、いっぱい苦労してらっしゃると思うんで。そしたら、案の定、いろいろ話しているうちに、「実は」って。「実は、僕末期がんなんです」って。
＊：ああ。その人がですか。
A：そうそうそう。だから、人っておもしろい。おもしろいって、いとおかしの方ね。何かやっぱり羨ましい部分？　嫉妬みたいな部分？
＊：羨ましかったんでしょうね。
A：そう。うん。話をしてみたら、「僕末期がんなんだよ」っていう話で。「ああ、やりたいと思ってたんだ」って。結局は亡くなったけれど。することなくね。でも、そういうジェラシーの部分とか、反発とか、ひがんだりっていうのは、その人だけの問題じゃなくて。今までの自分の生い立ちを考えると、父ちゃんは酒、母ちゃんは出て行った、姉ちゃんも学校に行ってるんだかわかんねえような人たちと付き合うな、って近所の人たちから言われてて。人間っていつ逆転するかわかんないんだからっていうのは自分なりにずっと思ってましたね。絶対、そういうことは自分ではしないって思ってましたね。

なぜNPOなのか。儲からないのになぜNPOなのか。NPO実践者はこうした問いを日常的に問われることが多い。特に農村部では、NPOにはこのように奇異なまなざしが日常的に作用してきた。そうした「まなざし」、いわば外在的な権力関係のもとでNPO活動が営まれるわけだけだが、Aさんは、弟が事故にあって以降、そもそも近所からの奇異で排除的な「まなざし」を浴びながら育ってきた。つまりAさんはそうした「まなざし」の身勝手さや強固さを知っており、Aさんなりにそれに対して何とかして対処してきたのである。

では、Aさんはどのように対処してきたのか。Aさんはその日常的な「まなざし」におもてだって対抗してきたわけではない。末期がんの営業マンにしたように、それでも相手の心に寄り添ってきたのである。相手の心に寄り添うことによって、権力関係に抵抗してきたのである。相手の心に寄り添うということは、自分がそれに向き合い、受け止めていくことを伴う。つまり相手の心に寄り添うには自身が「豊か」でなければならない。つまりはこのようにして自分が「豊か」になっていくことで、ＮＰＯをめぐる権力関係に抵抗したのである。

（7）別のＮＰＯにおける活動

二〇〇三年以降、Ａさんは N 会の代表として、その分野の団体のネットワーク組織であるＮＰＯ法人「Ｔ会」にも参加するようになる。Ａさんは T 会について活動について次のように語っている。

＊：Ａさん自身が何か変わってきているところはありますか。
Ａ：変わってきてますね。Ｔ会に来てね。個性の強いなかに入って。
＊：いやいや。Ａさんも個性強いですよ。
Ａ：個性強い？　でしょ。でも、個性が強いがために人をはじいてるんじゃないかなって思うところがあるから、苦しむときがある。だって、Ｔ会なんかは、個性の集団と見ていいわけで。
＊：よそでは代表とか、そういう人多いですもんね。
Ａ：そうです。自分のポリシーがあって、ある程度カリスマ性を持っているから、個性ですよね。でも、ある一人だけとか何とかが突出してしまうと、やっぱりバランスが崩れるからね。
＊：なるほど。

Ａ：どんなところで個性が強いって感じがする？　声がでかい？　あとは否定したりするとことかかな。
＊：やっぱり、ちゃんと主張できる、ってとこじゃないですかね。ちゃんと自分の考えがあるじゃないですか。そこだと思いますけど。
Ａ：良し悪しは別としてね。思い返すと、「言うときは対等」。うん。「おー」って思ったんだよね。「大人ってこうなんだなあ」って。

この会話の冒頭で、筆者はまずライフコース全体を通してのＡさんの変化を漠然と聞いている。それに対してＡさんはＴ会への参加それ自体が変化の契機であると答え、そこにはＴ会の成員の個性の強さが関係しているという。ところが、次の筆者の「Ａさんも個性が強い」という発言から、話題は「変化」から「個性」へと転換してしまう。こうした話題の転換は、それだけＡさんが「個性」について語りたいという強い欲求を示したものであろう。そして、Ａさん自身が自分の個性の強さを気にしていること、それゆえＴ会では「バランス」を心がけていること、逆にＮ会ではＡさんがリーダーシップをとっていると語られ、最後には筆者にＡさん自身の個性を問いかえしている。

ここで指摘できるのは、次の二点である。一つめに、Ｔ会の活動がＡさんの省察を引き起こし、その結果Ａさんは「バランス」を心がけている。Ａさんは、成員同士の相互関係のなかで「個性」について解釈し、省察することで、「バランス」を崩さないようにしている。逆にＮ会では、リーダーシップが必要であると解釈されている。ＮＰＯにおける学習において、「解釈」や「省察」が作用していることがわかる[10]。

二つめに、実践コミュニティが異なれば、相互関係・相互行為も異なるのであり、それにより「バランス」、「リーダーシップ」といったようにアイデンティティの位置も当然異なる。しかしながら、異なる実践コミュニティにおいてアイデンティティの「位置」は変わるわけだが、「拠り所」は変わらない。それがＡさんの場合の「言うときは対等」である。Ａさんからすれば、「言うときは対等」だから「バランス」が必要だし、「言うときは対等」だから「リーダーシップ」が必要となる。人は複数の実践コミュニティに重層的に参加し、それぞれの相互行為にもとづいてアイデンティティを形成していくわけだけれども、Ａさんの語りからは、それぞれの実践コミュニティを通して形成されるアイデンティティにはライフコースを基盤とした何らかの拠り所があり、その拠り所を軸に様々な角度からアイデンティティが再構成されている、と言えよう。

3　権力関係に抗する「学び」

(1)「学ぶこと」それ自体がもつ象徴的意味

ここまで、弟の事故にはじまり、「子守り奉公」、就職そして社会人学生としての生活、福祉ＮＰＯ実践といったトピックをもとに、Ａさんのライフストーリーを捉えてきた。ここからは、Ａさんのライフストーリーから浮かび上がる「学び」の特徴についてまとめていきたい。

第一に、「学ぶこと」それ自体に象徴的意味がある。これには次の三点の意味がある。

一つめに、「学ぶこと」それ自体が支配的な権力関係に対する抵抗を意味している。桜井厚は、「全体社会の支配的言説（支配的文化）であり社会的規範やイデオロギーを具現している」ものを「マスター・ナラティブ」と呼んでいるが[11]、Ａさんにとって「学ぶこと」は障害者をめぐるマスター・ナラティブのストーリーに対する抵抗であるといえよう。

例えば、障害者家族のソーシャル・キャピタルは狭く、同質的であるわけだけれども、社会には「障害者家族とはそういうものだ」「そうあるべきだ」という社会的なまなざしが存在している。Aさんはこうした「障害者家族はこうあるべきだ」というストーリーを意識しつつ、そこに葛藤し、あえて抵抗したのである。そしてその抵抗の手段が社会人学生として「学校に行く」ということであり、様々な社会参加の場を積極的に広く持つことだったのである。

二つめに、「学ぶこと」それ自体がAさんの自尊心を高めている。フラネリー（Flannery, D., 2002）は、子どものときの学校に関する経験は、成人女性学習者としてのアイデンティティに大きな影響を与えると指摘している。例えば、子どものときの学校に関する「負の経験」がある場合、逆に成人後の「学生」という身分自体が自尊心を高めるという（Flannery, 2002, pp.71-73）。

Aさんの場合も、高校のときに「子守り奉公」で勉強したくても十分にできなかった経験が出発点となり、就職後も「常に学校に行く」ようになった。しかし、単に学生という身分だけでは自尊心は維持されない。フラネリーは成績や人種、ジェンダー等によって、成人は学校や教室であらためて自信を失うこともあるという。それゆえにフラネリーは、フォーマルな教育以外において成人として身につけてきた経験を、学校に結びつけることが重要であると指摘する（Flannery, 2002, p.77）。Aさんの場合も、若い学生との交流が深められており、そうした周囲の関係性があるからこそAさんの自尊心が高められ、何らかの学習機会を常に持ち続けることが可能であったといえよう。

三つめに、「学ぶこと」が「豊かさ」と結びつけられている。ライフストーリーを通してみたように、Aさんにとって「豊かさ」とは、経済的な豊かさではない。それは一つには、「自分と向き合うこと」である。N会や「末期がんの営業マン」などNPOや障害者家族をめぐる社会的なまなざし、つまり「パワー」が作用するからこそ、自分に向き合うこと、向き合った生の自分自身が抵抗の拠点となり、「豊かさ」につながる。

もう一つには、「関係性の豊かさ」である。この場合の関係性とは、大学がそうであったように、第一義的には異質で多様なネットワークを意味している。例えば、廣森直子（二〇〇五a、二〇〇五b）はネットワーク型の学習が働く女性のエンパワーメントにつながることを指摘しているが、Aさんはそのネットワークを、あえて福祉とは関係のないところで設定することで、マスター・ナラティブの拘束から自由になろうとし、権力関係に抵抗してきたといえよう。

（2）権力関係への抵抗の過程

第二に、権力関係への抵抗の過程、言い換えればエンパワーメントの過程の隅々で「学び」が作用している。

一つめに、権力関係への抵抗の過程は、個人の知識獲得ではなく社会的実践への参加の過程である。そしてその参加のあり方は、例えば「福祉だから福祉だけは嫌」と語られているように、自らの権力関係をめぐる矛盾や対立から展開されている。

二つめに、ではその葛藤的な参加の過程とはいかなるものかといえば、Aさんは複数の実践コミュニティに重層的に参加しながら、アイデンティティ形成ならびに力量形成をしている。若いときには大学や社会人サークル、NPOではN会やT会などを中心として、複数の実践コミュニティに同時に所属、参加してきている。Aさんはこうした複数の実践コミュニティに参加し、先輩や同僚といった他者との関係のなかで「生き方」や「目標」を学びとってきたのである。複数の実践コミュニティの越境者であることが、権力関係への抵抗を生むことを指摘できる。

さらに三つめに、繰り返しになるが、複数の実践コミュニティへの参加といったとき、Ａさんは貧困や障害者家族といった自らの属性とは異なる実践コミュニティに絶えず参加し、そしてそれら異質な実践コミュニティに関わりつつも、自らの生活に関連したＮＰＯ実践を行っている。このように越境しながらも日常の生活に結びついた社会的実践のエージェンシーであることが、Ａさんの権力関係への抵抗を生む学びにつながっている。「過去の経験は集団を媒介することで批判的に吟味される」と指摘されるが（Tennant & Pogson, 1995, p.151）、異質なコミュニティであるがゆえに、そこはインフォーマルで越境的な省察の機会に富んでおり自己や社会をより深く吟味できたといえる。

四つめに、「言うときは対等」をめぐるＡさん自身の信念が学びを生みだしている。本来、「社会的活動が変化する過程で知や学習が定義される」と指摘されるように（Fenwick, 2003, p.25）、参加する実践コミュニティが変われば、行為や言葉の意味も変わりうる。しかしＡさんの場合、どのような実践コミュニティに参加しても、中心には「言うときは対等」という目標が位置していた。どのコミュニティにおいても、「言う時は対等」という目標のもとで経験的な学習を繰り返してきたことが、Ａさん自身の信念を一層強固にし、それがＡさんの行動を後押ししてきている。

五つめに、断続的に教育や学習の場に関わることが、権力関係に抵抗するＡさんの学びを生んでいる。ここには、社会人入学というフォーマルな教育機会での学習だけではなく、福祉コミュニティとは異質な実践コミュニティに参加することによるインフォーマルな省察も含まれている。また、「言うときは対等」という信念のもとで、自己を表現したり、自分のボイスを発してきたということも大きな役割を果たしていると言えるだろう。Ｔ会で市民対象の講座の講師を担当してきたことも大きな役割を果たしていると言える。自己の経験をもとに「教える」ということは、ボイスを発する機会となるだけでなく、自分の経験を絶えずふり返る場となる。このように、教育や学習の場に関わるということが、権力関係への抵抗や本人のエンパワーメントにつながるということを確認できる。

4　結語

本章では、NPO実践者Aさんのライフストーリーを通して、障害やNPOをめぐる日常的な権力関係の力動と、それに抗する学習の過程を分析してきた。まず、学習者個人を対象とした従来の理論的枠組みでは、個人の生活史全体を通した広い視点による研究がなされておらず、実践コミュニティの重層性も考慮されていないことを指摘し、それらの理論的限界を射程した方法論としてライフストーリー研究の可能性を展望した。ライフストーリー研究は、個人の生活全体をめぐる現実の主観的・内在的意味を通して個人と社会との力動的な関係を問うものである。

Aさんのライフストーリーは、障害やNPOをめぐりマスター・ナラティブや社会的まなざしなどの権力関係が日常的に作用していることを示している。Aさんは、こうした権力関係にたいして「学び」を軸に対抗してきた。まず特筆すべきは、Aさんのように社会的に抑圧された状況におかれてきた個人にとって、「学ぶこと」それ自体に特別な意味があるということである。例えば、学ぶという行為それ自体が、「障害者家族は学ばなくていいのでは」というマスター・ナラティブや「NPOや障害者家族は何をやっているのかわからない」という社会的まなざしへの抵抗を意味している。

また、Aさんにとっての「豊かさ」の獲得のように、「学ぶこと」それ自体に表出的意味がある。Aさんにとって「豊かさ」は重要な意味をもっていた。「豊かさ」とは、Aさんにとって「自分と向き合うこと」と「関係性としての豊かさ」の二つの意味がある。とりわけAさんは、あえて福祉とは関係のないところで異質で多様なネットワークに参加することで、マスター・ナラティブの拘束から自由になろうとし、権力関係に抵抗してきた。最後に、Aさんの「学び」の過程についても整理した。Aさんは、複数の実践コミュニティに重層的に参加することによってアイデンティティ形成してきた。こうした相互行為がうまく機能してきた要因として、「言うときは対等」という信念のもとにAさんが経験的な学習を重ねてきたことや、断続的に教育や学習の場に関わってきたことを挙げられる。

これらを通して浮上するのは、成人の学習それ自体が持つ力であり意味である。Aさんのライフストーリーは、成人が日常的に作用する権力関係に抵抗しようとするときの「学び」の意味と過程のダイナミズムを示している。とりわけ社会的に抑圧されてきた成人の学習については、ユネスコ国際成人教育会議における学習権宣言で学習が権利であると謳われ、ハンブルク宣言では権利以上の価値があると提起されてきているわけだけれども、Aさんのライフストーリーは、個人の主観的・内在的意味、そして生活全体の視点から、こうした成人の学習の意味を説明しようとするものであるといえよう。

注

1　成人の学習における「パワー」をめぐる議論については、松本（二〇一七）などを参照。

2　例えば、グッドソン＆サイクス（二〇〇六）など。

3　筆者も関わった自分史講座の実践については、石井山ほか（二〇一〇）を参照。

4　例えば、末本（二〇一三）や松本（二〇一六）などがある。

5 個人の語りやライフヒストリーから学びと権力関係を分析した研究として、笹原（二〇〇五）、廣森（二〇〇五b）などが挙げられる。

6 例えば、「個人的なことは政治的なことである」としたフェミニズム運動そしてそれに付随する語りであったり、被差別部落の人びとのライフストーリーが挙げられている。桜井は、語ることは支配的な文化への対抗を生み出すだけではなく、語り手自身が所属するコミュニティからも相対的に自律した語り手自身の語りを生み出す文化運動となる、と指摘している（桜井、二〇〇二）。

7 Aさんと筆者は、同じ福祉NPO（後述するT会）の会員であり、NPO実践のなかで会話をする機会も多かった。そうしたインフォーマルな会話とは別に、フォーマルなインタビューを二〇〇七年に実施した。以下で用いるトランスクリプトは基本的にフォーマルなインタビューの時のものを使用している。

8 詳細は、土屋（二〇〇三）を参照のこと。

9 津田ほか（二〇〇六）は、障害者の親は障害者本人の代理人的立場にあり、障害者本人が受ける排除の経験も親が共に経験し引き受けることになると指摘する（津田ほか、二〇〇六、二〇二頁）。実質的に親が不在であったAさんの場合、Aさんはその親代わりとなって、家族をめぐる排除の経験を引き受けたといえよう。

10 高橋（二〇〇九）や松本（二〇〇七）などを参照のこと。

11 例えば、桜井（二〇〇二）三七頁。

参考文献

安藤耕己（二〇〇四）「成人の学習におけるライフ・ヒストリー法―学習の意味を人生に即してみる―」日本社会教育学会編『成人の学習〈日本の社会教育第48集〉』東洋館出版社、四五―五六頁。

石井山竜平ほか（二〇一〇）「仙台市社会教育施設との協働による高齢期学習プログラムの開発」『東北大学大学院教育学研究科教育ネットワークセンター年報』第一〇号、一―一三頁。

グッドソン&サイクス（高井良健一ほか訳）（二〇〇六）『ライフヒストリーの教育学―実践から方法論まで―』昭和堂。

桜井厚（二〇〇二）『インタビューの社会学―ライフストーリーの聞き方―』せりか書房。

桜井厚（二〇〇五）「ライフストーリー・インタビューをはじめる」桜井厚・小林多寿子編著『ライフストーリー・インタビュー―質的研究入門―』せりか書房。

笹原恵（二〇〇五）「女性労働者たちのたたかいと学び―丸子警報器・臨時社員の賃金差別訴訟への道のり―」高橋満・槇石多希子編著『ジェンダーと成人教育』創風社、一一五―一六〇頁。

末本誠（二〇一三）『沖縄のシマ社会への社会教育的アプローチ―暮らしと学びの空間のナラティヴ―』福村出版。

髙橋満（二〇〇九）『ＮＰＯの公共性と生涯学習のガバナンス』東信堂。

高木光太郎（二〇〇一）「移動と学習―ヴィゴツキー理論の射程―」茂呂雄二編著『実践のエスノグラフィ』金子書房、九六―一二八頁。

田中雅一（二〇〇二）「主体からエージェントのコミュニティへ―日常的実践への視角―」田辺繁治・松田素二編『日常的実践のエスノグラフィ―語り・コミュニティ・アイデンティティ―』世界思想社、三三七―三六〇頁。

田辺繁治（二〇〇二）「日常的実践のエスノグラフィ―語り・コミュニティ・アイデンティティ―」田辺繁治・松田素二編『日常的実践のエスノグラフィ―語り・コミュニティ・アイデンティティ―』世界思想社、一―三八頁。

田辺繁治（二〇〇三）『生き方の人類学―実践とは何か―』講談社現代新書。

津田英二ほか（二〇〇六）「知的障害者の親による社会的排除経験の語りに基づく相互教育―神戸大学公開講座の教育的ライフヒストリー実践―」日本社会教育学会編『社会的排除と社会教育〈日本の社会教育第50集〉』東洋館出版社、二〇〇―二一三頁。

土屋葉（二〇〇三）「〈障害をもつ子どもの父親〉であること―母親が語る／子どもが語る／父親が語る―」桜井厚編『ライフストーリーとジェンダー』せりか書房、一一九―一四〇頁。

廣森直子（二〇〇五ａ）「女性の労働権についての学び―働く女性の学習活動の事例から―」高橋満・槇石多希子編著『ジェンダーと成人教育』創風社、一六一―一八七頁。

廣森直子（二〇〇五ｂ）「ジェンダー差別の意識化とエンパワーメント―性差別賃金裁判原告のライフヒストリーをとおして―」高橋満・槇石多希子編著『ジェンダーと成人教育』創風社、一八九―二二六頁。

槇石多希子（二〇〇五）「エージェンシーとしての女性の学習―『女性問題学習』論を越えて―」高橋満・槇石多希子編著『ジ

エンダーと成人教育』創風社、二一五—五七頁。

松本大（二〇〇七）「実践コミュニティの構築過程—ＮＰＯにおける学びの条件—」日本社会教育学会編『ＮＰＯと社会教育〈日本の社会教育第五一集〉』東洋館出版社、一六五—一七七頁。

松本大（二〇一六）「社会教育職員として生きる—ある社会教育主事のライフストーリー—」『弘前大学教育学部紀要』一一五号、一三五—一四四頁。

松本大（二〇一七）「『パワー』と成人学習」高橋満編著『成人教育の社会学—パワー・アート・ライフコース—』東信堂、二〇—三八頁。

レイヴ&ウェンガー（佐伯胖訳）（一九九三）『状況に埋め込まれた学習—正統的周辺参加—』産業図書。

Alheit, P. & Dausien, B. (2007). Lifelong Learning and Biography: A Competitive Dynamic Between the Macro- and the Micro Level of Education. In L. West, P. Alheit, A. S. Andersen, & B. Merrill (Eds.), *Using Biographical and Life History Approaches in the Study of Adult and Lifelong Learning: European Perspectives*, Peter Lang.

Caffarella, R. & Merriam, S. B. (2000). Linking the Individual Learner to the Context of Adult Learning. In Wilson, A. L. & Tisdel, E. R, (eds.), *Handbook of Adult and Continuing Education: New Edition*, Jossey-Bass.

Fenwick, T. J. (2000). Expanding Conceptions of Experiential Learning: A Review of the Five Contemporary Perspectives on Cognition. *Adult Education Quarterly*, vol. 50 (4).

Fenwick, T. J. (2003). *Learning through Experience: Troubling Orthodoxies and Intersecting Questions*, Krieger.

Flannery, D. (2002). Identity and Self-Esteem. Elisabeth Hayes & Daniele D. Flannery. (eds.), *Women as Learners: The Significance of Gender in Adult Learning*, Jossey-Bass.

Hayes, E. (2002). Voice. In Hayes, E., & Flannery, D., (eds), *Women as Learners: The Significance of Gender in Adult Learning*, Jossey-Buss.

Inglis, T. (1997). Empowerment and Emancipation. *Adult Education Quarterly*, 48 (1).

Rossiter, M & Clark, M. (2007). *Narrative and the Practice of Adult Education*, Krieger.

Tennant, M., & Pgson, P. (1995). *Learning and Change in the Adult Years*, Jossye-Bass.

Wilson, A. L. (1993). The Promise of Situated Cognition. In Meriam, S. B. (eds.), *An Update on Adult Learning Theory. New Directions for Adult and Continuing Education*, no.57, Jossey-Bass.

第6章　日本の学校教育におけるメディア・リテラシー教育の重要性

カリキュラムマネジメントの視点を交えて

森本　洋介

はじめに

二〇一七年三月末に告示された新学習指導要領において、「カリキュラム・マネジメント」という用語が初めて明記された[1]。「カリキュラム・マネジメント」は、文部科学省の『小学校学習指導要領解説　総則編』によれば

教育課程はあらゆる教育活動を支える基盤となるものであり、学校運営についても、教育課程に基づく教育活動をより効果的に実施していく観点から組織運営がなされなければならない。カリキュラム・マネジメントは、学校教育に関わる様々な取組を、教育課程を中心に据えながら組織的かつ計画的に実施し、教育活動の質の向上につなげていくことであり、本項においては、中央教育審議会答申の整理を踏まえ次の三つの側面から整理して示している。具体的には、

・児童や学校、地域の実態を適切に把握し、教育の目的や目標の実現に必要な教育の内容等を教科等横断

的な視点で組み立てていくこと、

・教育課程の実施状況を評価してその改善を図っていくこと、

・教育課程の実施に必要な人的又は物的な体制を確保するとともにその改善を図っていくこと

などを通して、教育課程に基づき組織的かつ計画的に各学校の教育活動の質の向上を図っていくことと定義している。

文部科学省（二〇一七a）、四〇頁

とされている。これは中学校の新学習指導要領においても同じ内容が記載されている。この「カリキュラム・マネジメント」の内容を端的に表現すれば、「教師（もしくは学校）が教科横断的な視点を持って自力で授業計画（一コマ分、一単元分、年間計画）をつくること」であると言えよう。これは専門職たる教師の立場からすれば「当たり前」のことであると考えられる。しかし新学習指導要領においてこの用語が明記されていることは、「カリキュラム・マネジメント」が「当たり前」ではない状況を示していると解釈することができる。実際、カリキュラムマネジメントという用語[2]が研究領域で用いられ始めたのは「総合的な学習の時間」が学校教育に導入された一九九〇年代後半であると考えられる。国立国会図書館の検索システムで「カリキュラムマネジメント」で検索したところ、当該内容を扱っていると判断されるのは中留（一九九九）「総合的学習のカリキュラムマネジメント：教育行政からの支援体制をどうするのか」『日本教材文化研究財団研究紀要』二九号、二八―三二頁、が初めてである。つまり、明確な教科書を用いず、学校や教師の創意工夫で授業を作っていかなければならない「総合的な学習の時間」が登場して初めて「カリキュラム・マネジメント」という用語が用いられるようになったと考えられる。しかしながら、先述したように教師や学校が各教科や特別活動において自力で授業を編成することは「当たり前」のことである。本章ではその「当たり前」のことがなぜ「当たり前」ではないこととして論じられるようになり、新学習指導要領に明記されるに至ったのかを考察するとともに、教師や学校が自力で授業を編成することの重要性を再発見するため、メディア・リテラシー教育に着目して論じていくこととする。

筆者は弘前大学教育学部の三年次「Tuesday 実習」（小学校）において道徳の授業を担当する実習生の指導案検討を七年間（本章執筆時点）担っているが、「こういう授業をしたい」という学生はほとんどおらず、大半の実習生が教師用指導書を書き写した後、自分の学級の実態に合わせて文言や展開を微修正する程度の状況になっている。なかには、「指導書にはこう書いているが、自分の学級はこういう状況なので、修正してよいか」と筆者に確認してくる学生すら存在している。実習生だからやむを得ない、という意見もあるが、教師用指導書や、各学校で踏襲されてきた年間授業計画を神聖化してしまうような態度を実習生や新任のときに採ってしまえば、カリキュラムマネジメントの重要性を理解することが難しくなると考えられる。教師用指導書や前例にただ従って授業をすることが、教師としての仕事なのだろうか。本章には教師の専門職性を問い直す意味もある。

本章の構成は、まずカリキュラムマネジメントの歴史と理念について確認を行う。次に日本のメディア・リテラシー教育の状況について説明し、実践事例について検討する。最後に総合的な考察を行う。

1 カリキュラムマネジメントの歴史と理念

（1）カリキュラムマネジメントと教育課程経営

カリキュラムマネジメントという用語は先述したように一九九〇年代後半になって用いられ始めた用語であり、それ以前は教育課程経営という用語が一般的に用いられていた。実際に田村・本間はカリキュラムマネジメントの構造モデルを検討する際、教育課程経営理論とカリキュラムマネジメント理論をセットでレビューした後、後者は前者のモデルの要素に加えて「教育目標や教育効果、文化的要因、学校の外的環境の要素がさらに詳細な下位要素と共に挿入され、Plan→Do→SeeからSee→Plan→Doへの発想の転換、および『連関性』と『協働性』という戦略上の基軸が加えられた」（田村・本間、二〇一四、四四頁）と説明している。すなわち、カリキュラムマネジメントは日本において教育課程経営という用語で既に使用されていたのである。カリキュラムマネジメントは教育課程経営の理念を質的に変化させた理念であると考えられる。

それでは教育課程経営という理念はどのようにして生まれてきたのか。そもそも「教育課程」という用語自体が「カリキュラム」とまったく同義というわけではない。山崎雄介（二〇〇〇）によれば、まず「教育課程」は「当該の学校階梯の全領域・全学年分の教育計画（全体計画）をの《ママ》み指し、個々の学年や教科の教育計画である『指導計画』とは区別される」（山崎、二〇〇〇、二頁）とされる。また日本では「教育課程」に学習指導要領という国家的基準が存在し、これにもとづいて個々の学校が教育計画を編成することになるため、学習指導要領を「教育課程」と同じように用いる場合もある。よって文部行政に関する文書や学校現場では「教育課程」を教育計画一般を指す用語として頻繁に用いる。また一方で「指導計画」を「教育課程」と同義に用いている場合もある。このように「教育課程」

にはいくつかの意味があり、曖昧に用いられる場合もあるが、基本的には「事前の計画という意味あいが強い」（山崎、二〇〇〇、二頁）ということである。他方で「カリキュラム」とは「教育課程」や「指導計画」と同義に用いられる場合もあるが、『計画』という意味より、結果としての『学び』の総体、あるいは進行中の学習経験という意味を強調する用法が一般化している」（山崎、二〇〇〇、二―三頁）とされる。「カリキュラム」はもともとラテン語で「競走路」や「そこを走る活動そのもの」を指すcurrereを語源とし、転じて「それに沿って学びが進行する計画」と、「学習者の学びの総体」を意味している（山崎、二〇〇〇、二頁）。このように「教育課程」と「カリキュラム」はほぼ同じ意味を持っているが、「教育課程」は「全体計画」や「事前の計画」が強調されるのに対し、「カリキュラム」は「計画されなかったことも含め、結果として学習者が得た学びの総体」が強調されると考えられる。そのため、例えば「隠れたカリキュラム（hidden curriculum）」という用語はあっても、「隠れた教育課程」という用語は存在しない。

山崎（二〇〇〇）は「カリキュラム」と「教育課程」の区別を上述のように説明したうえで、日本のカリキュラムの編成・開発が基本的には学習指導要領に規定されているとする。一方で、きわめて中央集権的な性格を持つ学習指導要領に呼応する形で民間研究団体が独自に模索したカリキュラムも存在している。山崎は一九九〇年代末までの時点において、日本のカリキュラムに対する動向の区分を大きく分けて①はじめての学習指導要領（一九四七年）からそれが法的拘束力を持つに至るまで、②「教育の現代化」がテーマとなった一九七〇年代末まで、③一九八〇年代から一九九八年の学習指導要領改訂まで、の三区分に分けている。これは学習指導要領の改訂時期に合わせた時期区分になっている。これら三つの時期区分の内容を簡単に整理する：

①はじめての学習指導要領（一九四七年）からそれが法的拘束力を持つに至るまで

学習指導要領は当初「試案」というガイドラインとして位置づけであった。しかしガイドラインであってもカリキュラム編成論上の一つの立場、すなわち戦後新設された社会科を中心とした「経験カリキュラム」的な発想を示している。民間研究団体においてはコア・カリキュラムの発想で独自のカリキュラムが盛んに開発された。コア・カリキュラムとは「社会生活上の問題を学習者が解決する単元学習を『中心課程』（コア・コース）として設定し――教科としては社会科か、それに理科が加わる場合が多い――、その他の教科の内容が『周辺課程』として配されるというタイプのカリキュラム編成法」（山崎、二〇〇〇、六頁）である。コア・カリキュラムの考え方は一九四〇年代末に起こった経験主義教育への「学力低下」批判に対し、教科教育の強調ではなく、計画性を持った生活単元主義のカリキュラムのあり方を提案した意義があった。一方でコア・カリキュラムや経験主義に対する様々な批判があり、教科教育中心の民間研究団体が発足していく。それと同時に教科の背景にある学問・文化の系統性を重視する系統主義の考え方が推進され、一九五八年改訂の学習指導要領においても系統主義が採用されることとなる。

②「教育の現代化」がテーマとなった一九七〇年代末まで

一九五〇年代後半から、初等・中等教育の内容・方法を現代科学の最先端に接近させようとする「教育の現代化」の考え方が日本の教育界に広まった。なかでも数学教育協議会など一部の民間研究団体は独自の教育方法（水道方式など）を開発したり、教科書を作成して検定を通過させたりするなどの活発な活動を行っている。これらの民間研究団体は当初系統主義の考え方を前面に据えていたが、実践からのフィードバックを受けて一九七〇年以前半以降は学習者個々人にとっての経験としてのカリキュラムも意図するようになっていく。一方で日本教職員組合（日教組）は「教育課程の自主編成」を運動方針として提起した。この時期は学習指導要領という教育課程の枠組内部での教科内容と教授方法が思考錯誤され、問い直された時期であった。

③一九八〇年代から一九九八年の学習指導要領改訂まで

この時期は学校における「荒れ」、暴力の問題が社会問題化した時期であり、カリキュラムそのもののあり方について問い直しが起こった時期であった。特に全国生活指導研究協議会（全生研）は一九八〇年代半ば以降に深刻化したいじめや登校拒否・不登校などの問題に対処するため、権力化した学校秩序の組み換えを追究した。そのなかで全生研は「批判的な学び方学習」や「子どもの学校参加」といった主題をカリキュラム論に提起した。一方で、荒れている学校現場を目の前にした教師たちにとって、すぐに何かが変化するわけではないカリキュラム上の問題に取り組むよりも、即効性を持った教育技術が必要とされ、向山洋一らの「教育技術の法則化運動」、藤岡信勝らの「授業づくりネットワーク」などが勃興した。この一九八〇年代の時期は、厳格な拘束力を持った学習指導要領という教育課程への問い直しというマクロな視点と、日々の授業をどのように効果的なものにし、児童生徒を授業に引き込むかというミクロな視点が並立していた時期であると考えられる。この時期、一九八九年改訂学習指導要領において小学校低学年の社会科と理科が「生活科」に統合され、一九九八年改訂学習指導要領では小学校～高校での「総合的な学習の時間」、高校での「情報科」の設置といった形で教育課程が大きく変化した。

二一世紀に入り、二〇〇八年改訂学習指導要領が作成されたが、一九九〇年代半ばからの「ゆとり教育批判」を受けて主要教科や体育の授業時数が増加し、カリキュラムマネジメント議論の発端となった「総合的な学習の時間」が全体的に削減されたこと以外は、内容的に一九九八年改訂学習指導要領と比べて大きな変化は起こらなかったように見える。一九九八年改訂学習指導要領から二〇〇八年改訂学習指導要領までの議論は、国際学力調査であるＰＩＳＡの影響による学力の質の転換、そして「ゆとり教育批判」を受けての学習内容の精選の問題に終始し、カリキュラムの枠組みの問題はほとんど議論されなかったように見える。これは山崎の区分で言えば②の時期と似ている。そして、新学習指導要領で「カリキュラム・マネジメント」が話題になり、高校での教科再編の動きが進んでいることを考えると、今の時期は②〜③の時期を、形を変えて繰り返しているようにも見える。

以上、本節では教育課程経営およびカリキュラムマネジメントの理念と歴史的な経緯を概観した。歴史的に、文部省（当時）は「教育課程の自主編成」を一九九〇年代から強調してきたが、一部の民間研究団体を除き、多くの学校現場ではそのようなことを考える余裕がなく、またそもそも学習指導要領という強固な教育課程が存在しているなかでそれをどう編成するかということについての裁量はほとんどない。そこで文部科学省は「カリキュラム・マネジメント」と形を変えて「教育課程の自主編成」を促進させようとする意図があるように見える。新学習指導要領の「カリキュラム・マネジメント」がなぜ「教育課程経営」ではないかを考えると、「カリキュラム・マネジメント」は教育課程の実施状況を評価し、その改善をはかって次の計画に活かすこと（田村・本間のカリキュラムマネジメント理論の説明における Plan Do See → See Plan Do への移行）を視野に入れているためであると考えられる。このような文部科学省の意図が学校現場に浸透するとは考えにくい。教育課程経営の議論でうまくいかなかったことが、それを進めた形の「カリキュラム・マネジメント」にして促進されるとは考えられないからである。その具体的な問題点について、教育課程経営の観点で考察を行った論者の指摘を次節で取り上げる。

（２）教育課程経営における問題点

植田健男（一九九五）は戦後、学習指導要領が作られた後の教育課程経営の問題点について、学校の地域性との関係の観点から考察を行っている。植田は一九四七年の『学習指導要領一般編（試案）』以降、文言や表現は異なっているが、それぞれの学校が地域や学校、児童生徒の実態に即して教育課程を編成すべきであることが毎回の学習指導要領に明記されてきたと述べる。そして文部省（当時）も学習指導要領は教育課程の基準であって、教育課程そのものではないことも示唆してきた、と植田は指摘する（植田、一九九五、一七九頁）。しかしながら実態として、教育課程は児童生徒の実態に即していないだけでなく、むしろ実態との「乖離」が進んでいると主張する（植田、一九九五、一八〇頁）。植田は実際の教育課程経営と児童生徒の実態の「乖離」が進んでいる背景として、教育行政当局が理念としては教育課程の各学校における「自主編成」を謳っているが、実態としては教育行政当局が教育の内容・方法に対して多様な支配・統制を行っていることにより、それが妨げられていると指摘する（植田、一九九五、一八〇頁）。具体的には教科書検定があることによって教科書の内容が著しく画一化してしまっていること、また「教育委員会レベルにおいても、学校管理規則における教育課程の『届け出』ないしは『承認』の規定」（植田、一九九五、一八〇頁）を行うことによって学校の教育課程編成権や副教材の採択にも統制を加えていることを例として挙げ、このような教育行政当局による「不当な支配」が実際には各学校に教育課程経営を行う余地をなくしていると指摘する。結果として、このような状況のなかで教育課程の自主編成を志す教師たちはそれぞれの個人レベルでの「授業づくり」の問題に矮小化されてしまい、学校レベルでの教育課程経営には向いていかなくなってしまったのである。

さらに植田は学校において教育課程の問題が軽視されている状況を生んでしまっているのもこのような意識が学校現場に広まっているからではないかと示唆している。そしてこのような教育課程経営に対する意識の希薄さを「全校的な教育計画としての『教育課程』の『不在』ないしは『空洞化』・『名目化』ともいうべき状態であり、教職員全体によってすべての子どもの発達に責任を負うべき学校が、そこで提供すべき教育の全体像を喪失してしまっていることを意味している」（植田、一九九五、一八二頁）と批判している。上記のような植田の指摘は、教育行政当局が学校に対して教育課程を自主的に編成するように促しておきながら、実態としては編成内容を教育行政当局がかなりの程度規定しているため、学校現場は大胆な編成を行うことができず、結果としてどの学校も似たり寄ったりの教育内容になってしまっている状況を表している。前節で取り上げた山崎雄介（二〇〇〇）も、「新学習指導要領（この時点では一九九八年改訂版）は（中略）カリキュラム編成における学校・教師の役割をいつになく強調している。みてきたように、日本の学校は、カリキュラム開発の経験を豊かにもっているとはいいがたい現状もあり、いかにしてカリキュラム開発の主体として教師を立ち上げていくかは焦眉の研究課題である」（山崎、二〇〇〇、二〇頁）と、学習指導要領の厳しい規定が学校と教師のカリキュラム開発の能力を育んでこなかったことに言及している。この状況は新学習指導要領が公示された二〇一七年になっても変わっていない。むしろ教育行政当局の縛りが植田健男の指摘した時代よりも厳しくなっているのではないかと考えられる。

その根拠として、一八歳選挙権を認める「改正公職選挙法」が二〇一五年六月一七日に参議院本会議で可決され、高校三年生が選挙で投票することが可能になった前後において「政治的中立性」の問題も盛んに議論された際[3]、学校現場を委縮させるような言動が政治の側から出てきたこと[4]や、新学習指導要領の内容に「どのように学ぶか」という記述が追加されたり、中学校社会科の歴史分野の記述で領土問題の教え方を学習指導要領が指示していたりすることなどが挙げられよう。そして、このような政治や教育行政当局による教育への介入に対して、一般市民の側は特に問題ではないと考えているような風潮もある。植田が問題を指摘していた一九九〇年代半ばから、今日に至るまで、植田が挙げた問題は何も解決しておらず、むしろそこに上述した問題が加わっている。このような状況において文部科学省がいくら「カリキュラム・マネジメント」を主張しても、それを妨げているのはむしろ文部科学省そのものであり、カリキュラムマネジメントの問題は学校現場のレベルではまったく進展しないことが予想される。

植田の指摘からわかるように、教育課程経営の問題は「教育内容を誰が、どのように決めるのか」という問題である。この問題は個別の授業レベルのみならず、学校全体の教育計画にも及ぶ。植田は自身が指摘した問題の解決方法について、「教育課程を教師の個人所有に委ねるのではなく、教育課程の地域的な共同所有へと発送を転換していくこと」(植田、一九九五、二一〇頁）であると述べている。実態としては多様な規制によって教育課程経営が縛られているが、学校と地域の協働によってある程度の変革は起こすことができると考えられる。

このような現状に対して、教科教育の専門家の見解も概観しておく。教科教育における教育課程経営の議論を整理した西園芳信（二〇〇二）の議論を見る限り、「総合的な学習の時間」でしか「直接経験」や「問題解決的な学習」は不可能であるかのような印象を受ける。ところが実際は従来の教科の枠組みにおいてもそれらの教授方法を採用することは十分可能である。しかしここまで述べてきたように、学習指導要領という強固な規定により、教科の内容の教育課程経営という発想が妨げられていた、ないしそのような発想が重要だと学校現場に認識されなかったと考えられる。一九九八年改訂学習指導要領で「総合的な学習の時間」が新設され、従来以上に「教育課程の自主編成」が謳われたにもかかわらず、今日に至っても新学習指導要領に「カリキュラム・マネジメント」が記載され、学校現場では「新たな負担」のように受け止められている現状を鑑みると、教育課程経営やカリキュラムマネジメントの理念が未だに学校現場で理解されていないと推測できる。さらに「アクティブラーニング」という、今まで小学校などでは自然に行われていた教授方法でさえ、用語がトップダウンで降りてくることで、「何か新しいもの」

が学校に求められているかのように認識されているように感じられる。よって、従来の教科の枠組みのなかで、異なる切り口からカリキュラムマネジメントを行うことが、本議論の解決の糸口になると筆者は考える。そこで、次節以降は現代の経験主義的な教育とも言えるメディア・リテラシー教育に焦点を当て、日本の学校教育におけるカリキュラムの発想転換について検討する。

2　日本のメディア・リテラシー教育の概観

(1) メディア・リテラシーとは何か

メディア・リテラシー教育とは、世界的には一九三〇年代のイギリスにおける文芸批評に端を発し（上杉、二〇〇八）、一九六〇年代ごろから本格的な教育プログラムの開発がなされてきている（Piette and Giroux, 2001）。メディア・リテラシーとは、メディア・テクスト（新聞やテレビ番組などの具体的な制作物の全体もしくはその一部）においてリプレゼンテーション（representation）がなされる価値観やイデオロギーなどを、メディア制作や話し合いを通じて、多面的な視点から、批判的（critical）に分析を行うことのできる能力である。そしてメディア・リテラシー教育は、簡単に定義するのであれば、「メディアについて学ぶこと」（Buckingham, 2003, p. 4）であると言える。森本はフレイレ（Freire, P.）の識字実践や批判的教育学、クリティカルリテラシー、カルチュラル・スタディーズといったメディア・リテラシーに近似するリテラシー概念を広範に検討したうえで、メディア・リテラシーの能力を以下の五つであると整理した（森本、二〇一四、六三頁）。

・メディアが「構成」されていることを自覚する。すなわち、メディア・テクストを意識化できるようになる。
・デジタルメディア、活字メディアを問わず、すべてのメディアを言語として考え（メディア言語）、リテラシーとして習得する。
・メディア言語を社会的・文化的文脈から「批判的」に読み解く（テクストが読者に対して特定の視点をいかに提供しようとしているかを理解しようとする）。
・メディア産業について知る（メディア制作も含む）。
・一連の過程を通してメディア社会における民主主義、市民を育成する。

また、森本は「これらの要素はあくまで理論的なものであり、地域的、文化的、時代的な文脈などによって、実践が変化する可能性がある」（森本、二〇一四、六三頁）と述べている。これは、メディア・リテラシーの定義は存在していても、その受容のされ方は地域や時代といった文脈に応じてある程度変化することを示唆している。基本的に英米圏やヨーロッパの国々ではカルチュラル・スタディーズを学問的背景としたメディア・リテラシー教育を実施しているが、ロシアや、韓国・中国といった東アジア諸国、そしてアフリカ諸国ではＩＣＴ教育に近い教育をメディア・リテラシー教育と称している場合もある（森本、二〇一六）。日本の場合、この文脈はさらに複雑になる。メディア・リテラシーの解釈の仕方が教育実践のあり方に直接影響するため、次節で日本の状況について細かく見ていくこととする。

（2）日本におけるメディア・リテラシー教育研究の経緯

日本の学校教育におけるメディア・リテラシー教育は、高等教育の場合、立命館大学において一九九四年に日本で初めて「メディア・リテラシー論」というメディア・リテラシーを中心にした授業が開講されたのが初めとされる（鈴木、二〇〇一、四頁）。初等・中等教育では一九九〇年代末ごろから、社会、音楽、倫理・道徳、国語、家庭科などで、個々の教員の創意工夫によって教えられている（鈴木、二〇〇一、一二〇頁）。しかし日本のメディア・リテラシー教育実践を検討するうえでまず注意しなければならないのは、目標自体が曖昧で、何をもって「メディア・リテラシー教育」としているのか、個人レベルでかなり多様になっていることである。このため子どもたちのクリティカルな主体性を確立するというプロセス抜きに、主に制作活動を取り入れたメディア・リテラシー教育が行われている事例が少なからず見られる。これは例えば静岡県教育委員会の報告書（二〇〇三）における実践事例をみれば顕著である。県教育委員会としてメディア・リテラシー教育を推進していても、個々の教員の理解や意欲のばらつきがあるために、英米圏で行われているカルチュラル・スタディーズ由来の実践とはかけ離れた内容になってしまうのである。

日本では実のところ、国語教育に関して言えば一九五〇年代から既に新聞や映画が教科書や教材として扱われていた。つまりメディア・リテラシー教育とは称していなくとも、それに近い実践が行われていた。しかしそれら教材を使いこなせる教師があまりいなかったことや、もともと新聞や映画に対する教師の関心があまりなかったため、行われることが少なかった（井上・中村、二〇〇一、二〇一―二二頁）。一九九〇年代後半になって、一般家庭にもインターネットや携帯電話などのニューメディアが普及してくるにつれて、それらニューメディアと関連した形でのメディア・リテラシー教育が重要視されるようになった。授業内容はクリティカルな分析よりも制作活動を重視したものが多く、また長期的な教育計画を持たず、数時間の一単元という扱いでなされたものが多い傾向が見られる。このことについては、実践報告の分析をもとに次節で述べることにする。

なぜ日本ではこのようなメディア・リテラシーに対する多様な解釈が生まれたのであろうか。日本では一九五〇年代半ばに映画や広告等を批判的に視聴する能力の必要性が説かれ、また映像教育（Screen Education）の流れと一九六二年にユネスコが取り上げた「映画・テレビ教育に関する国際集会」があいまって、いわゆるメディア・リテラシーの批判的思考能力の方向性が一部に起こった（笠原、二〇一二）。しかし当時の教育関係者の考えはメディアの影響力をむしろ教育に活かす方向性にあった。このようにマスメディアを好意的に捉える傾向は一九八〇年代に入っても学校関係者に残っていた。

この状況が変化を始めるのは一九八二年のユネスコのグリュンバルト会議前後である。ユネスコは、一九八二年の「マスメディアの利用と公教育に関する国際会議」において、「メディア教育への挑戦」を掲げた「グリュンバルト宣言」を採択した[5]。この宣言を契機として、ユネスコは今日まで三〇年に渡り、「すべての人びとが人生において個人的、社会的、職業的、教育的目標を効果的に達成するために情報を探し、評価し、使用し、創りだす力」(Wilson, Grizzle, Tuazon, Akyempong and Cheung, 2011, p. 16）であるメディア・リテラシー教育を推進してきた。このような教育によって獲得される能力、すなわちメディア・リテラシーは、マスメディアやデジタル技術が民主主義の強化と市民権の問題に深く関わっている今日の世界において、ユネスコが目指す平和的な社会の構築に不可欠なものとして位置づけられている。ユネスコのメディア・リテラシー教育が紹介されたことにより、再びメディアに対する批判的視聴能力が認識されるようになる。この時点では学校教育における「メディア教育」もマスメディア批判の系譜としてのメディア・リテラシー教育と同様の概念を有していたとされるが、特に学校教育においては「メディア教育」の意味が多様に用いられるようになった（笠原、二〇一二）。

一九八〇年代半ばに、坂元昴によってメディア教育にコンピュータ・リテラシーが含まれるという主張がなされ、批判的視聴能力と機器の操作能力という二つの別種の能力がメディア・リテラシーに含まれるという解釈が優勢になった（笠原、二〇一二）。また一九八六年一二月一日の読売新聞記事『パソコンと教育』シンポジウムの講演特集」で坂元がメディア・リテラシーを「映像、テレビ、コンピュータを使いこなす能力」と発言しているように、メディア・リテラシーから批判的思考能力（特に政治や文化に対して）が除かれていった。さらにメディア・リテラシーは視覚教育とも統合されていくようになる。このことは、当時の海外ではメディア教育が育成する能力の一つとしてメディア・リテラシーが含まれるという解釈だったが、日本ではメディア教育そのものが、目標とする能力の全体像として捉えられるという状況を生んだ。つまりメディア・リテラシーは海外では「～リテラシー」の一つとして理解されていたが、日本ではいろいろなリテラシーを包含する能力として理解されることになった。特に学校教育を中心になされた複合的、複数のリテラシーの上位概念的理解としてのメディア・リテラシーを笠原正大（二〇一二）は「前期メディア・リテラシー」と定義した。

一九九二年にカナダ・オンタリオ州の『メディア・リテラシー・リソースガイド』の邦訳本が出版された（原典は一九八九年に出版）ことで、メディアの批判的視聴能力というメディア・リテラシーの側面があらためて注目されるようになった。その背景には、社会学者の鈴木みどりを代表とする草の根活動の市民団体であるＦＣＴの存在があった[6]。鈴木（一九九七）は、メディア・リテラシーという概念に関する研究は解釈学的研究、社会科学研究、映画・テレビ制作研究の三つの流れがあると指摘する。解釈学的研究は、ホール（Hall, S.）らのカルチュラル・スタディーズの研究の流れ、主にメディアが媒介する情報を受け手はどのように解釈しているのかといったことを対象とする、一連の研究である。社会科学研究は、メディア・コミュニケーションの文脈を分析対象とするメディア研究である。テクストの生産や消費、オーディエンス研究が対象とされ、テクストの価値自体はほとんど問題にされない。社会科学研究は、アルチュセール（Althusser, L.）に代表される構造主義、アドルノ（Adorno, T. W.）らフランクフルト学派、またカルチュラル・スタディーズも含んだ多様なメディア研究の流れである。映画・テレビ制作研究はメディアの創造という実践的な職業訓練を中心とする芸術・映画教育の流れであり、他の二つとは異なる。一九八〇年代になって安価で高品質なビデオ機材が普及するにつれ、批判的なメディア研究が行われるようになり、解釈学的研究と社会科学研究に接近していくことになる。この三つの流れの接近と交差が顕著になる一九八〇年代初頭にメディア・リテラシーという新たな研究領域が形成された、というのがメディア・リテラシー概念に関する簡単な形成過程であると鈴木は説明する（鈴木、一九九七）。このように、メディア・リテラシーの批判的思考能力の側面が一九六〇年代以来再び認識された一九九〇年代以降のメディア・リテラシーを笠原は「後期メディア・リテラシー」と定義する。ところが後期メディア・リテラシーの影響は限定的（市民運動を中心に理解が進む）で、学校教育の系譜においては依然として前期メディア・リテラシーの影響力が強く、概念があまり変わることなく継続した（笠原、二〇一二）。

以上から、笠原の理解では、学校教育の系譜に限って言えば、メディア・リテラシーの概念は一九八〇年代半ばに形成された、メディアに関する複合的な能力（わかる・つかう・つくる）および多様なリテラシーを包括する上位概念として認識されたと考えることができる。同時代にグリュンバルト宣言がなされたが、学校教育に対する影響はあまり見られず、メディア・リテラシーから政治や文化に対する批判的視聴能力が含まれない状態で学校現場にメディア・リテラシーの概念が普及されていった。そして、カナダ流のメディア・リテラシーが一九九〇年代初頭に紹介されたが、学校現場では既に前期メディア・リテラシーが一定のコンセンサスを得ていたため、別種のメディア・リテラシーとして後期メディア・リテラシーは展開していくことになる。とはいえ、ユネスコがメディア情報リテラシーで定義しているように、メディア・リテラシーが多様なリテラシーの包括的・上位概念であるという理解は的を射ていたとも考えられる。

一方で中橋雄（二〇一四）は一九五〇年代から二〇〇〇年代までの日本のメディア・リテラシー教育の簡単な歴史を学校教育、社会教育、放送教育や国際的な動きなどを踏まえ、特に学術研究との関連性の観点から検討している。中橋は日本における研究アプローチの多様性について以下の六つの研究を指摘する（中橋、二〇一四、七五—八一頁）。

①社会学からの理論的な研究

鈴木みどりの解釈学的研究、社会科学研究の視点。そこに一九九〇年代の日本のマスコミの不祥事問題に関する文脈が付け加わる。

②諸外国の研究動向に関する研究

主にマスターマン、バッキンガム、カナダ・オンタリオ州のメディア・リテラシーが日本に流入した。

③認知理論と能力育成に関する研究

教育工学や認知心理学の知見であり、一九八〇年代の研究がベースになっている（笠原の「前期メディア・リテラシー」と重なる）。

④教育実践からの研究

メディア・リテラシー教育に取り組む個別の教師や団体からの知見で、二〇〇〇年代に刊行された文献が多い。

⑤情報教育研究からの研究

情報教育の内実は多様であり、情報処理教育や技術教育などからも影響を受けている。高等学校での必修教科「情報」においてコンピュータやネットワークをメディアと捉え、それらの社会的位置づけやコミュニケーションについて学ぶことが情報教育におけるメディア・リテラシー教育として期待される。教科「情報」の設置にせよ、メディア・リテラシー教育と情報教育についての関係性にせよ、一九九〇年代後半から二〇〇〇年代以降の研究アプローチと考えられる。

⑥教師教育に関する研究

メディア・リテラシー教育が学校教育にとって必要だという議論から、それを教えることのできる教員の育成が必要だという認識からの研究であり、主に専門の学習集団のコミュニティ（Professional Learning Community）に関する知見が示唆に富んでいる。

このように、中橋によれば一九八〇年代に学校教育において放送教育・視聴覚教育の研究者と現場の教師が協力し、送り手の意図と受け手の理解を追究する映像視聴能力の研究が行われ、特に一九八二年のグリュンバルト宣言が日本のメディア教育者に大きな影響を与えたという（中橋、二〇一四、七〇頁）。この点は笠原の見解と同じである。

一九九〇年代にマルチメディアマシンとしてのパソコンが登場することで、表現する道具としての機能が備わり、メディアを介した送り手と受け手の関係性が生まれ、メディア・リテラシー教育促進のきっかけとなった。またインターネットの登場も、情報社会に氾濫する情報に流されないための情報収集・判断能力や、個人が情報を発信し表現する能力の重要性を訴え、メディア・リテラシーの必要性が推進された契機になったと考えられる。ただしインターネットに関しては「情報活用能力」の一部として情報教育がコンピュータの操作技能の習得を目的に学校教育に導入されることになり、メディア・リテラシーの知見が活かされたとは言いがたい状況になった。

また一九九〇年代はマスメディアによる「捏造」や「誤報」が社会問題としてクローズアップされ、旧郵政省が二〇〇〇年に刊行した「放送分野における青少年とメディア・リテラシーに関する調査委員会報告書」につながった。マスメディアに対する信頼性の揺らぎが、メディアを批判的に読むというメディア・リテラシーの能力（「後期メディア・リテラシー」）を社会に認識させることにつながったとも考えられる。

一九九〇年代には学校現場、市民活動、放送業界、学術界といった各分野からのメディア・リテラシーについての認識が広まった。そして二〇〇〇年代前半には一種の「メディア・リテラシーブーム」が到来した。そのきっかけとなったのはジャーナリストの菅谷明子が岩波書店から二〇〇〇年に発刊した『メディア・リテラシー』である。既に一九九七年に鈴木が『メディア・リテラシーを学ぶ人のために』を刊行しているが、これは高等教育における授業テキストとして作成されたため、一般の人々には普及しなかった。しかし菅谷の書籍の一部の記述が中学校国語教科書に引用された。菅谷の書籍が一般向けにメディア・リテラシーという用語を認識させることに貢献したことは疑いないだろう。

一方で市民団体が社会教育としてメディア・リテラシー教育を実践するため、ファシリテーター養成を目的としたテキストとして

・鈴木みどり『Study guide　メディア・リテラシー　ジェンダー編』リベルタ出版、二〇〇三
・鈴木みどり『新版 Study guide　メディア・リテラシー　入門編』リベルタ出版、二〇〇四

などの書籍も市販された。また放送業界も東京大学情報学環と協働して

・東京大学情報学環メルプロジェクト・日本民間放送連盟編『メディアリテラシーの道具箱：テレビを見る・つくる・読む』東京大学出版会、二〇〇五
・水越伸・東京大学情報学環メルプロジェクト編『メディアリテラシー・ワークショップ：情報社会を学ぶ・遊ぶ・表現する』東京大学出版会、二〇〇九

などの理論と実践をつなぎ合わせた書籍を刊行している。二〇〇〇年に東京大学情報学環を中心にメルプロジェクトが発足し、社団法人日本民間放送連盟（民放連）と協力して二〇〇一～二〇〇二年度にわたり「民放連メディアリテラシー・プロジェクト」を実施した。メルプロジェクトは二〇〇六年度に終了したが、二〇〇七年度にメル・プラッツと名称を変えて事業を継続し、二〇一二年度まで活動を行ったがその後は休止状態が続いている（本橋、二〇〇九）。二〇〇〇年代の時期は菅谷（二〇〇〇）の書籍のインパクト、そしてインターネット、SNS、ケータイ（スマホ）が子どもや学校現場に普及したことにより、学校教育における導入の必要性に対する理解がある程度深まったと考えられる。

他方で学校現場向けのメディア・リテラシー教育の取り組みもこの時期に多く見られるようになった。例えば本

章1（1）に登場した、一九八〇年代に組織された「授業づくりネットワーク」が「メディアリテラシー教育研究会」を二〇〇〇年五月三日に発足させ、小・中・高校の教員がメディア・リテラシー教育の教材開発や実践などを行った。またメディア・リテラシー教育の紹介書籍として

・松野良一『総合的な学習の時間のための映像制作マニュアル』田研出版、二〇〇二
・佐藤洋一編著『実践・国語科から展開するメディア・リテラシー教育』明治図書出版、二〇〇二
・児童言語研究会編著『メディア・リテラシーを伸ばす国語の授業（小学校編）』一光社、二〇〇五
・藤川大祐・塩田真吾編著『楽しく学ぶメディアリテラシー授業：ネット・ケータイ・ゲーム・テレビとの正しいつきあい方』学事出版、二〇〇八

などが市販されたほか、学校教育全体にメディア・リテラシー教育を導入する動きも見られた。特に静岡県は二〇〇一年二月に静岡県教育委員会が県内全校でメディア・リテラシー教育を行うことを決定し、二〇〇二年～二〇〇五年に実施された。その取り組みの内容については静岡県教育委員会発行の報告書（二〇〇四）に記載されている。また実施前には視察団がカナダの学校におけるメディア・リテラシー教育の見学および教育委員会担当者への聞き取りなどを行っている（静岡県教育委員会、二〇〇三）。しかし期間が終了した後は情報モラル教育にシフトしている。その背景には、静岡県議会や学校現場でメディア・リテラシーの批判的思考力の側面が十全に理解されなかったこと、直近の学校現場の課題として情報モラルの方が大切だと認識されたことなどがあるとされている（唐國、二〇一四）。

以上から二〇〇〇年代、特に二〇〇〇年代前半は「メディア・リテラシーブーム」とも呼べる状況で学校教育にメディア・リテラシー教育が導入される動きが見られた。しかし、その内容は多様で、笠原の定義する「前期メディア・リテラシー」と「後期メディア・リテラシー」が入り混じった状況にある。しかしながらこの間、学校現場、マスメディア、研究者が協力してメディア・リテラシー活動に取り組んだことにより、日本における新たなメディア・リテラシー教育の展開がなされたと解釈することもできる。一方で日本における二〇〇〇年代以降のメディア・リテラシーをめぐる解釈は一九九〇年代後半の「タコ壺的状況」（「コンピュータ使用能力などの産業界からの要請」、「メディアの批判的視聴能力などの市民運動からの要請」、「ＩＣＴ教育などの学校現場からの要請」）が継続しており、メディア・リテラシーの複合的な性質に対して多様な解釈が存在し、またそれらの解釈が交わることなく変質を遂げていったと言える。

ここで指摘したいのは、どの解釈にせよ、多くのメディア・リテラシー教育実践は従来の教科教育の枠組みでは収まりきれない内容を包摂していたために、実践を行うに当たってカリキュラムマネジメント、もしくはその一部としてのカリキュラム開発が必須であったことである。静岡県での取り組みがそのことを代表していると言える。メディア・リテラシーの理解は教師によって様々であったが、どの教師もメディア・リテラシーというこれまで聞いたことのない教育内容を授業に導入することとなり、各教科や特別活動に自分なりに考えて内容を組み込むことになった。この過程で必然的にカリキュラムマネジメントを行わざるを得なかったと考えられる。またマスメディアと研究機関が連携したメル・プラッツも、学校現場での実践を行っており、そこではマスメディアと研究機関、学校の三者が協働してカリキュラムを開発している。メディア・リテラシーの市民活動の草分けであるＦＣＴも『Study Guide メディア・リテラシー』のシリーズは実践を積み重ねたうえで開発した一種のカリキュラムである。

さらに「授業づくりネットワーク」もメディア・リテラシー教育のマニュアル書籍を発刊していることから、民間団体の側からもカリキュラムマネジメントへの寄与が行われていたと解釈することができる。しかし一方で、カリキュラムマネジメントをただ推進すればよいということにはならない。カリキュラムマネジメントの概念理解が普及した後に起こるのは、どのようにそれを行い、カリキュラムをよりよいものにしていくかというカリキュラムマネジメントサイクルの問題である。次節では、メディア・リテラシー教育の実践事例を検討しながら、いかにその質を向上させるのかを考察する。

3　日本におけるメディア・リテラシー教育の実践事例

(1) 実践事例把握の概要

教育関係の雑誌記事や論文で「メディア・リテラシー」がタイトルに含まれる、一九九八年から二〇一四年までの間に行われた実践報告を、合計一七〇件分析した。この内容を「年代」、「学校段階」、「教科・科目」、「時間数」、「メディア」、「活動内容」、「参考・引用している主な論・論者」に分類した結果、以下の表のようになった。このうち「メディア」は当該実践で扱われたメディアの種類(マスメディアに限らない)を指す。例えば動画のCMを分析する、もしくは児童生徒自身が制作した授業の場合、その事例は「CM」に当てはめた。次に「活動内容」については分析活動のみ行っているか、制作活動のみ行っていると判断した場合はそれぞれに分類したが、両方を行っている場合は別途分類した。また明らかに「情報モラル」教育であり、メディア・リテラシー教育と混同している事例もあったが、実践のタイトルが「メディア・リテラシー」という言葉を含んでいる、すなわち前節で示したようにメデ

表　日本のメディア・リテラシー教育実践事例（1998 年～ 2014 年 9 月末時点）

年　代

年　代	90 年代後半	2000 年	2001 年	2002 年	2003 年	2004 年	2005 年	2006 年
件数（複数年にまたがる場合は年ごとに 1 件と数えた）	8 件	6 件	21 件	5 件	66 件 （うち静岡 55 件）	2 件	9 件	15 件
年代	2007 年	2008 年	2009 年	2010 年	2011 年	2012 年	2013 年	2014 年
件数（複数年にまたがる場合は年ごとに 1 件と数えた）	8 件	9 件	2 件	4 件	5 件	1 件	3 件	0 件 （9 月まで）

不明　9 件　プランのみ　6 件

学校段階

学校段階	小学校 1 ～ 3 年	小学校 4 ～ 6 年	中学校	高校・実業系高校
件数	28 件	70 件	45 件	36 件

教科・科目

教科名	国語	社会	日本史	世界史	現代社会	倫理	数学	英語	理科・生活科
件数	60 件	34 件	1 件	1 件	5 件	1 件	1 件	2 件	3 件
教科名	情報	技術	美術	図工	音楽	保健	家庭科		
件数	4 件	2 件	2 件	1 件	2 件	2 件	1 件		
	総合	特別活動・部活		選択・学校独自の科目		道徳	調査のみ	不明	
件数	26 件	14 件		10 件		3 件	1 件	15 件	

時間数

時間数	1～5 時間	6～10 時間	11～15 時間	半期・1～2 学期分・16～20 時間	年間・21 時間以上	「たまに」・「行事ごと」	不明
件数	57 件	30 件	13 件	11 件	10 件	2 件	47 件

メディア

メディア	ラジオ・アナウンス		テレビ	ネット	コンピュータ	ケータイ	新聞	音楽
件数	3 件		52 件	14 件	8 件	7 件	35 件	3 件
メディア	教科書・副読本		雑誌	名刺	メディア一般	図表	写真	不明
件数	6 件		3 件	1 件	4 件	2 件	9 件	8 件
メディア	CM	広告一般	活字・文章・手紙	映画	テレビゲーム	マンガ	絵・絵本	
件数	19 件	9 件	8 件	5 件	2 件	2 件	6 件	

活動内容

内容	分析	制作	制作・分析	調べ学習	社会見学	情報モラル	議論	視聴覚教育	コンピュータ・情報活用	不明
件数	66 件	58 件	20 件	3 件	4 件	7 件	3 件	2 件	8 件	6 件

制作・分析　20 件のうち（制作→分析　4 件、分析→制作 16 件）

参考・引用している主な論・論者

論者	鈴木みどり	水越伸（メルプロジェクト）	静岡県教委報告書（菅谷・堀田・旧郵政省報告書）	菅谷（静岡除く）	オンタリオ（リソースガイド）
件数	27 件	18 件	55 件	11 件	10 件
論者	藤川大祐	NIE	旧郵政省報告書（静岡除く）	文科省情報活用能力	国立教育政策研究所
件数	5 件	12 件	4 件	4 件	3 件
論者	マスターマン	バッキンガム	自論（松岡「メディア解釈学習」など）	その他学問	不明・なし
件数	3 件	1 件	5 件	10 件	8 件・30 件

ィア・リテラシーの内容の混乱を示す事例として数に含めた。「参考・引用している主な論・論者」を項目にしたのは、どのような立場に立っているかでメディア・リテラシーの捉え方・理解が異なることを把握するためである。なお、一つの実践報告において複数の校種・教科の事例が報告されている場合もあるため、表の合計が実践報告の合計（一七〇件）と必ずしも一致しない。

まず年代別の実践の変化については、二〇〇一年をピークにして増減を繰り返していることが指摘できる。二〇〇三年の静岡県の事例とされている実践は静岡県教育委員会が実践校を指定して行った（静岡県教育委員会、二〇〇四）ものであり、異例だと考えられる。実際、この後には静岡県は実践報告を行っていない。二〇〇一年が特に多くなっているのは、菅谷が『メディア・リテラシー』を発刊した年であり、一種の流行になっていたと考えられる。その後、特に二〇〇六年前後に多くなっているのは、国語や社会科系科目などの一部の教科書にメディア・リテラシーに関係する単元が入っていたことや、小学校社会科で情報に関連する単元が五年生にあることが、数が多い理由として考えられる。

次に「学校段階」および「活動内容」について、小学校、特に小学校高学年での制作活動の事例が多くなっている。小学校高学年の授業内容について特徴的なのは、映像制作が多いことと、携帯電話などのコミュニケーションツールをいかに効果的に使用するかなどといった、技術的な側面と情報倫理的な側面を合わせたような内容が多いことにあるといえよう。これは、子どもが携帯電話やインターネットを通して犯罪に巻き込まれることに対応するための保護主義的な考え方が広まってきていたり、制作を手段ではなく目的として考え、記念作品を作る時間の一つとしてメディア・リテラシーが利用されていたりすることからきているものと考えられる。なお、分析活動も事例の件数としては制作活動よりも多いが、携帯電話の活用法について話し合ったり、放送局を社会見学してその感想を話し合ったりする活動を含んでいるため、カルチュラル・スタディーズを基盤とした分析活動（テクスト分析）はごく少数である。

そして「時間数」を検討して明らかになる点は、日本では体系的なメディア・リテラシーの学びがなく、単発的な授業しかなされていないことである。今回事例として分析した実践報告の大半は、その後例えば別のメディアについても学ぶであるとか、異なるアプローチ（今回は商業的側面を扱ったが、次回は価値観について学ぶなど）で同じメディアを扱うといった記述はなされていなかったに等しい。一学期分や二学期分、ないし一年間の事例が合計二一件あるが、その多くはコンピュータの技能習得のため一年をかけて授業を行うといった内容であり、むしろコンピュータ・リテラシーや情報リテラシーに分類されるような事例もある。つまりイギリスやオンタリオ州、ユネスコの考える、体系性を持ったメディア・リテラシー教育に含まれるかどうかの判断は難しいと考えられる。

最後にメディア・リテラシーを扱う教科・科目について、国語が多いのは前節の中村・井上の指摘からも理解でき、またオンタリオ州においても基本的に英語のなかで行われるため、ごく自然な結果であろう。社会科で行う実践に関しても、社会とメディアの関わりという点から授業を展開しやすい。このため、事例が多いと考えられる。日本で特徴的なのは、総合的な学習の時間が二六件、特別活動では一四件の事例があることだと考えられる。これは、先述したとおり記念作品を作るための時間として扱われる傾向があることが一つの要因である。また教科内で扱うと、学習指導要領の目標や教科書を進めていくことの必要性を教員が意識せざるを得ないため、比較的融通の利く総合的な学習の時間や特別活動を活用したものと考えられる。

（2）実践事例から見える日本のメディア・リテラシー教育の課題

①メディア・リテラシーが学校現場に少なからず知られたことの影響

先述した通り、「メディア・リテラシー」という用語自体は国語や社会科、家庭科といった教科・科目において教科書にも登場するようになったため、認知度は高まっていると考えられる。しかしながら依然としてＩＣＴ教育や情報モラル教育との混同が見られることは、実践事例の状況から確実に言えることである。特にメディア・リテラシー教育を高次の思考力育成や民主主義を支える主権者の育成であると捉えずに、ＩＣＴ機器の扱い方を教えることや情報モラル教育だと理解してしまっていると、大学受験と関係する後期中等教育において扱われにくくなってしまう。高校での事例が比較的少ないのはそのためではないかと推測される。さらにメディア・リテラシーを「作り手の意図があることを知る」、「制作の裏側を知る」、「落とし穴」、「情報に操作されないために」、「放送局の人に聞いてみよう」のように、情報発信者（「情報の送り手」として権力を持つ人々）に対する「親近感を覚える」またはそういった権力者の「陰謀説」を学習者に「教える」事例も少なからずある。これもまたメディア・リテラシーを一面的にしか理解していないことの現れである。メディア・リテラシー教育を高次の思考力を育成する教育であると捉えることができれば、重要だとされている「問題解決能力」や「批判的思考力」を伸ばすために後期中等教育に積極的に導入する学校や教師が出てくる可能性も考えられる。

②体系性のなさ

学年・学校種をまたいで継続的・体系的にメディア・リテラシー教育を行う取り組みはほとんどない。京都教育大付属桃山小学校は学校全体で独自の取り組み「メディア・コミュニケーション科」を設置しているが、「情報活用」

の側面が強いように思われる。ほぼすべての実践で体系的な取り組みがなされていないことから、次のような課題が浮かび上がる。まず「制作者の意図」を読み取る、もしくは読み取った後で実際に作った人に確認しようという活動が多い。一方でメディア・リテラシーの重要な要素の一つである「オーディエンスが意味を解釈する」ことを理解する活動は一つもなく（実際の活動なかではやっているかもしれないが、見えてこない、ないしそれが最終的な学習目標とはされていない）、その情報の解釈に対する「唯一の答え」が想定されているように感じられる。次に、複数のメディア間で同一テーマの表現や解釈がどのように異なるか、なぜ異なるのかに対する理解や思考、すなわち「間テクスト性（inter-textuality）」を扱っている事例はほとんどない。複数メディアを扱っているとしても、一時間分で、情報を比較しようという事例であり、思考は深まりにくいと考えられる。また分析と制作を一体化させた事例は全体の一割強しかない（一方の視点しか学習者は学んでいない）。そのためメディア・リテラシー教育において重要なテーマである「リプレゼンテーション」育成に関係している事例がほとんど見られない。もしくは行っている事例も授業時数としては不十分であると考えられる。しかしながら現在の逼迫した学校の時間割を考慮すれば、やむを得ない事情もあろう。

③報告の方法（実践の共有）

まず、報告の方法に実践者の問題があると考えられる。検討した一七〇件の実践事例のなかで、実践者が論拠とするメディア・リテラシーの思想に言及していない事例が三〇件もある。つまり実践における前提の説明がなく、授業者がメディア・リテラシー理論をオリジナルで考えたかのように読者が理解する可能性もある。メディア・リテラシーの理論的背景は前節で述べたように日本の文脈は特に複雑である。そのため、メディア・リテラシーに関する知識のない読者がその実践報告を読み、それがメディア・リテラシー教育のすべてであるかのように理解される可能性がある。また、どのような授業枠（教科・科目）で実践したのか、何時間費やしたのか、などの基本情報が欠如している報告も多い。紙面の制約などの事情があるにしても、報告書ないし論文においてこれら基本的な情報が欠如していることは、実践者の研究的思考の欠如を表していると捉えることもできる。メディア・リテラシー教育に限らず、教育実践研究におけるリサーチ・マインドの不足は日本の教育研究において大きな課題であるように思われる。カリキュラムマネジメントにおいて、カリキュラムを評価する際にはそのカリキュラムの基本情報を丁寧に記録しておくことが必要であり、その記録がなければ次のカリキュラムの改善が不十分になると考えられる。メディア・リテラシー教育の実践事例の検討からは、教育現場において最低限必要な情報を記録として残すことが重要であると現場に認識されていない可能性が示唆される。この状況は本章１（１）と（２）で述べたような、教育課程に対する学校現場の認識にもつながっていると考えられる。

そしてこのように十分に実践の記録がなされていないことが、本来はもっと豊かに実践されているはずのメディア・リテラシー教育を埋没させていることにもつながっている。例えば雑誌『歴史地理教育』ではメディア・リテラシー教育の特集が比較的継続的に扱われているが、内容的にはメディア・リテラシー教育とは言いがたい事例もある。他方で国語教育の分野でも取り組まれているが、国語科は国語科の領域で議論されており、社会科教育とのつながりはない。この状況が「タコ壺的状況」を生んでいる。メディア・リテラシー教育はコンピテンシーのような汎用的能力概念であるため、どこか一つの教科に収まるものではない。研究的な視点を持って学際的に取り組みや記録、報告を行っていかなければ、カリキュラムとしての定着は見込めないだろう。

おわりに

本章では「カリキュラム・マネジメント」が学習指導要領に明記されるに至った過程を考察するとともに、教師や学校が自力で授業を編成することの重要性を再発見するため、メディア・リテラシー教育に着目して論じた。まずカリキュラムマネジメントの歴史と理念について確認し、次に日本のメディア・リテラシー教育の状況について説明し、実践事例について検討してきた。

本章の3(2)の課題の指摘から、特に後期中等教育において教科書を進めることが優先され、高次の思考力を育成する教育が現状の教育に組み込めていない状況が理解できるだろう。カリキュラムマネジメントを効果的に行えば、既存の授業の枠組みおよび時間数のなかで高次の思考力を育成することは可能であると考えられる。メディア・リテラシー教育の実施状況についての考察は、日本において学校段階が上がっていくほどにカリキュラム編成の自由が利きにくいことを示しているようにも解釈できる。しかし今後大学入試制度が変わり、高次の思考力を評価するような形式になっていくに従い、特に後期中等教育の教育現場には答えがない、もしくは答えが多様に存在する問題に対して生徒が自分の頭で思考し、自分なりの答えを導き出す教育を行うことが求められることになる。メディア・リテラシー教育はまさにそのような思考力を育成する教育であり、このような教育をカリキュラムマネジメントに含めていく力がこれからの教師に求められると筆者は考える。そしてカリキュラムマネジメントの質を向上させるためには、教材研究、明確な学習目標の設定、中長期的に授業を設計すること、活用可能な教育資源を把握し適切に活用すること、などといった、教師として求められる基本的な授業づくりの能力を教員養成段階から育成していくことが必要である。

カリキュラムマネジメントの視点が欠如しているのは日本だけではない。例えばカナダ・オンタリオ州でも、ある新任教師（三年目）がこれから新規採用になる教師に対して「あなたの最初のアイデアを実践し、次にそれを他のアイデアと調和させなさい。恐れることなく、少しはこのようなことをしても許されると考えなさい」（コズニック・ベック、二〇一五、二七頁）と、学校現場で働き始めてからはカリキュラムマネジメントを恐れずに自分自身で進めていくことを提言している。「カリキュラム・マネジメント」が声高に叫ばれるようになった新学習指導要領を見据えてというわけではないが、教師として必要な能力として、教員養成学部において、教師が自分でカリキュラムについて考え、内容を判断する能力を育成する必要があることは疑いない。その際にメディア・リテラシー教育のような汎用的な能力を育て、かつ教科書のないカリキュラムに積極的に取り組むことで、現職教師や教員養成段階の学生にカリキュラムマネジメントの力を獲得させることができるのではないかと、筆者は期待している。

注

1　なお、二〇〇八年改訂学習指導要領の「総合的な学習の時間」の解説においては一ヶ所だけ「カリキュラム・マネジメント」が登場する。

2　田村・本間（二〇一四）によれば、「カリキュラム・マネジメント」の標記は教育行政関係文書では一般的だが、「カリキュラムマネジメント」の標記の方がそれよりも先に使用されていたことと、カリキュラムマネジメント理論ではカリキュラムとマネジメントを不可分のものとして捉えていることから「カリキュラムマネジメント」の標記を用いている。本稿もそれに従い、行政文書等の引用では「カリキュラム・マネジメント」を用いるが、本文では「カリキュラムマネジメント」の標記を用いることとする。

3　例えば朝日新聞二〇一五年五月八日「政治教育の充実　焦点」や、朝日新聞二〇一五年九月八日「偏ってる？悩む教員」といった記事では何を持って「政治的中立性」が確保されているのかとする学校現場の困惑が報じられている。

4　自民党が二〇一六年六月二五日から党のホームページにおいて学校教育での「政治的中立を逸脱するような不適切な事例」を一般から募集した。

5　ユネスコホームページ http://www.unesco.org/new/en/communication-and-information/media-development/media-literacy/mil-as-composite-concept/　二〇一七年九月一日確認。

6　ＦＣＴは一九七七年、オーディエンス、メディア制作者、研究者が性別、年齢、職業的立場、社会的地位の違いを超えて、社会を構成する一人ひとりの市民として議論するひろば、「ＦＣＴ子どものテレビの会」（Forum for Children's Television）として、鈴木みどりを中心とするメンバーによって創設された。当時議論を呼んでいた「子どものメディア環境」を改善していくためには、限られたメディアの「プロ」に任せきりにするのではなく、市民が自分自身の権利として、また責任としてメディアの問題に取り組み発言することが必要となる。そのような問題意識のもと、ＦＣＴは市民を主体とする草の根の活動としてスタートした。その後、メディア環境の変化や問題意識の拡大とともに名称は「ＦＣＴ市民のテレビの会」→「ＦＣＴ市民のメディア・フォーラム」→「ＦＣＴメディア・リテラシー研究所」（FCT Japan Media Literacy Research Institute）と変わる。一九九九年には特定非営利活動法人の認証を得て、現在に至っている。

参考・引用文献

井上尚美・中村敦雄編（二〇〇一）『メディア・リテラシーを育てる国語の授業』明治図書。

上杉嘉見（二〇〇八）『カナダのメディア・リテラシー教育』明石書店。

植田健男（一九九五）「カリキュラムの地域的共同所有」梅原敏夫編『カリキュラムをつくりかえる』国土社、一七三―二一三頁。

笠原正大（二〇一二）「日本におけるメディア・リテラシー教育の変質とその原因―「メディア教育」に関する言説の分析から―」『教育メディア研究』一八巻一・二号、二〇一二、一三―二三頁。

唐國宏章（二〇一四）「静岡県のメディア・リテラシー教育（うらばなし）」第三回J-MILS研究会、大山街道ふるさと館、二〇一四年一二月一四日。

コズニック、C・ベック、C著；山根耕平監訳（二〇一五）『教員養成の新視点：カナダからの提言』晃洋書房。

静岡県教育委員会（二〇〇三）『平成一四年度海外調査事業報告書　諸外国におけるメディア・リテラシーへの取り組み』

静岡県教育委員会。

静岡県教育委員会（二〇〇四）『平成一四年度・一五年度　メディア・リテラシー教育研究委員会報告書』静岡県教育委員会。

鈴木みどり（一九九七）『メディア・リテラシーを学ぶ人のために』世界思想社。

鈴木みどり（二〇〇一）『メディア・リテラシーの現在と未来』世界思想社。

田村知子・本間学（二〇一四）「カリキュラムマネジメントの実践分析方法の開発と評価」『カリキュラム研究』二三号、四三―五五頁。

中留武昭（一九九九）「総合的学習のカリキュラムマネジメント：教育行政からの支援体制をどうするのか」『日本教材文化研究財団研究紀要』二九号、二八―三二頁。

中橋雄（二〇一四）『メディア・リテラシー論』北樹出版。

西園芳信（二〇〇一）「「教科学習」と「総合的な学習」によって「知の総合化」を目標とした教育課程の編成」日本教科教育学会編『新しい教育課程の創造：教科学習と総合的学習の構造化』教育出版、八―一九頁。

村上郷子（二〇〇八）「メディア・リテラシーの概念とその歴史的変遷」メディア・リテラシー教育研究委員会編『メディア・リテラシー教育研究委員会報告書』国民教育文化総合研究所、五一―七三頁。

本橋春紀「日本におけるメディアリテラシーの展開」水越伸編『メディアリテラシー・ワークショップ：情報社会を学ぶ・遊ぶ・表現する』東京大学出版会、二〇〇九、二二四―二三二頁。

森本洋介（二〇一四）『メディア・リテラシー教育における「批判的」な思考力の育成』東信堂。

森本洋介（二〇一六）「メディア・リテラシー教育の布置関係構築への試み：歴史的・国際的視点から」日本教育工学会第三二回大会、大阪大学、二〇一六年九月一八日。

文部科学省（二〇一七ａ）「小学校学習指導要領解説　総則編」http://www.mext.go.jp/a_menu/shotou/new-cs/1384661.htm 二〇一七年八月二二日確認。

文部科学省（二〇一七ｂ）「中学校学習指導要領解説　総則編」http://www.mext.go.jp/a_menu/shotou/new-cs/1384661.htm 二〇一七年八月二二日確認。

山内祐平（二〇〇三）『デジタル社会のリテラシー　学びのコミュニティをデザインする』岩波書店。

山崎雄介（二〇〇〇）「戦後日本のカリキュラムの「探究の履歴《カリキュラム》」」グループ・ディダクティカ編『学びのためのカリキュラム論』勁草書房、一―二二頁。

李希光（二〇一二）「主題発言」『第三届媒介素養教育国際学木検討会』中国：蘭州西北迎賓館、二〇一二年八月二八日。

Buckingham, D. (2003). *Media Education: Learning and Contemporary Culture*. UK: Polity Press.

Hobbs, R. (2001). Expanding the concept of literacy. In Kubey, R. (ed.), *Media Literacy in the Information Age: Current Perspective. Information and Behavior volume 6*. New Brunswick: Transaction. 163-183.

Masterman, L. (1985). *Teaching the Media. London: Routledge.*

OISE/University of Toronto. (2009). *Media, Part 1: Additional Qualification, K-12.*

Piette, J. and Giroux, L. (2001). The theoretical foundations of media education programs. In Kubey, R. (ed.), *Media Literacy in the Information Age: Current Perspective. Information and Behavior volume 6*. New Brunswick: Transaction. 89-134.

Scheibe, C. and Rogow, F. (2012). *The Teacher's Guide to Media Literacy: Critical Thinking in a Multimedia World*. USA: Corwin, a SAGE Company.

Wiggins, G. (1993). *Assessing Student Performance: Exploring the Purpose and Limits of Testing*. Jossey-Bass Publishers.

Wilson, C., Grizzle, A., Tuazon, R., Akyempong, K. and Cheung, C-K. (2011). *Media and Information Literacy Curriculum for Teachers*. the United Nations Educational, Scientific and Cultural Organization. Paris: France. www.unesco.org/webworld　二〇一一年一〇月二一日確認。

第7章　現代教師教育改革と《教員養成学》

福島　裕敏

はじめに

本章の目的は、現代の教師教育改革とそれと連動した国立教員養成大学・学部改革とをめぐる動向を踏まえて、《教員養成学》の今後の方向性について考察することにある。

今日の教師教育改革は、単なる教師教育の問題にとどまらず、これまでの学校・教員のあり方からの大きな転換を謳う改革動向のなかに位置づくものと考える。実際、二〇一五年一二月に出された「これからの学校教育を担う教員の資質能力の向上について〜学び合い、高め合う教員育成コミュニティの構築に向けて〜（答申）」（以下、本答申と略す）は、「チームとしての学校の在り方と今後の改善方策について（答申）」、「新しい時代の教育や地方創生の実現に向けた学校と地域の連携・協働の在り方と今後の推進方策について（答申）」という二つの答申とともに出されたものであった。また、翌二〇一六年一二月には「幼稚園、小学校、中学校、高等学校及び特別支援学校の学習指導要領等の改善及び必要な方策等について（答申）」が出されている。このようなカリキュラム改革と学校組織改革とが進められるなかで、その担い手である学校教員の専門性・専門職性のあり方、特にその養成・研修のあり方が、どのように改革されようとしているのかについて考察する必要がある。

また、二〇一七年八月に「教員需要減少期における教員養成・研修機能の強化に向けて―国立教員養成大学・学部、大学院、附属学校の改革に関する有識者会議報告書」（以下、本報告書と略す）が出された。本報告書は、上述の三つの答申や学習指導要領の改訂を受けて出されたものであるが、と同時に二〇一二年六月の「大学改革実行プラン」、二〇一三年六月の「今後の国立大学の機能強化に向けての考え方」、同一一月の「国立大学改革プラン」などの一連の高等教育改革、特に国立大学改革の流れのなかにも位置づくものと考える。それゆえ、あらためて戦後日本の教員養成の原則とされてきた「大学における教員養成」の意義、特に目的・計画養成を担う機関として位置づけられてきた国立教員養成大学・学部の意義や役割が、どのように再定義されているのかについても考察する必要がある。

これらの改革動向は、今後の弘前大学教育学部における教員養成のあり方、またその統合の軸として位置づけられてきた《教員養成学》を考えるあたり、無視できない文脈といえる。そこで、本章では、まず二〇一五年の本答申をもとに教師教育全般の改革動向について検討し、次に二〇一七年に出された本報告書を通じて国立教員養成大学・学部改革の動向について検討し、それらを踏まえて弘前大学教育学部における《教員養成学》の方向性について考察していくこととする。

1　現代の教師教育改革の方向性

(1) 改革の背景

本答申は、「1.　検討の背景」において、社会の変化に対応した学校・教員への転換を図っていくために、教員の資質能力の向上を最重要課題とした教師教育改革の必要性を、次のように指摘している。

まず、知識基盤社会の到来、情報通信技術の急速な発展、社会・経済のグローバル化や少子高齢化の進展、さらには人工知能やビックデータの活用による社会の進歩や変化の加速化が予想されるなかで、国家の更なる発展・繁栄の維持のためには様々な分野で活躍できる質の高い人材育成が不可欠であり、そのためにも教育の直接の担い手である教員の資質能力を向上させることが最も重要な課題となっている。しかしながら、近年の教員の大量退職、大量採用の影響等により経験年数の均衡が崩れてきており、継続的な研修を充実させていくための環境整備をはかるなどの早急な対策が求められている状況にある。そのためにも、学ぶ意欲の高さなど日本の教員の強みを最大限に生かしつつ、「学び続ける教員像」を確立し、子ども・地域・保護者から信頼される仕組みの構築が必要であるとしている。

また、教員の資質能力の向上は、社会の変化を柔軟に受け止めていく「社会に開かれた教育課程」の実現に向けた、教科を越えたカリキュラム・マネジメント、アクティブ・ラーニングの視点からの学習・指導方法や学習評価の改善に必要な力と、多様な専門性を持つ人材などと連携・分担してチームとして職務を担い学校の教育力・組織力を向上させていくために必要な力を育成していくうえでも必要であるとしている。これらを踏まえて「我が国の教員の強みを生かしつつ、教員制度を改革し、新たな学びを支える新しい教員像を打ち出すことができれば学校教育の質を高め世界に発信できるチャンスであり、教員の養成・採用・研修の一体的改革を推し進めるべきである」（八頁）と述べている。

このように、本答申は、社会の急速な変化において質の高い人材の育成を担う教員の資質能力の向上そのものを問題とすると同時に、そうした変化に対応するための教育課程や学校組織の実現に必要な力の育成を求めている。そのために、継続的な研修の充実などをはじめとする養成・採用・研修の一体的改革を通じて「学び続ける教員像」を確立し、教員に対する社会的尊敬・信頼を確立していくことが必要であるとしている。実際、こうした改革の背景を踏まえて、本答申では、これからの教員に求められる資質能力として、以下の三点を挙げている。

◆これまで教員として不易とされてきた資質能力に加え、自律的に学ぶ姿勢を持ち時代の変化や自らのキャリアステージに応じて求められる資質能力を生涯にわたって高めていくことのできる力や、情報を適切に収集し、選択し、活用する能力や知識を有機的に結びつけ構造化する力などが必要である。

◆アクティブ・ラーニングの視点からの授業改善、道徳教育の充実、小学校における外国語教育の早期化・教科化、ＩＣＴの活用、発達障害を含む特別な支援を必要とする児童生徒等への対応などの新たな課題に対応できる力量を高めることが必要である。

◆「チーム学校」の考えの下、多様な専門性を持つ人材と効果的に連携・分担し、組織的・協働的に諸課題の解決に取り組む力の醸成が必要である。（九頁）

うち、第一点目は「学び続ける教員像」の確立において求められる資質能力といえ、時代やキャリアステージ等の変化に応じて、自律的に教員としての資質能力の向上を図り状況に対応していくために必要な力とされている。それに対して、第二・三点目は具体的な現代的教育課題に関する対応力をそれぞれ教育実践面・学校組織面に分けて具体的に示したものといえる。

(2) 教員養成・採用・研修等の具体的改革の方向性

このような教員の資質能力の向上、あるいは「学び続ける教員像」の確立のために、いかなる改革が具体的に提起されているのかについて、教員研修、教員養成、養成・採用・研修の一体的制度改革、教員の資質能力の高度化の点からみておきたい[1]。

① 教員研修[2]

本答申は「生涯にわたる教職生活を通じた教員の育成のためには、現職教員の研修の充実がきわめて重要である」(二〇頁)と述べ、「『教員は学校で育つ』ものであり、同僚の教員とともに支え合いながらＯＪＴ(On the Job Training＝現任訓練：引用者)を通じて日常的に学び合う校内研修の充実や、自ら課題を持って自主的、主体的に行う研修に対する支援のための方策を講じることが必要である」(同上)としている。校内研修の充実に向けた内容・組織・環境整備の具体的方策として、(i)経験の異なる教員からなるチーム形式の研修やメンター方式の研修といった先進的事例を踏まえた校内研修の充実、(ii)校長のリーダーシップにもとづく、校内研修リーダーなどによる校内研修の実施計画の整備と組織的・継続的な研修の推進、(iii)教育委員会による管理職研修や校内研修リーダーの養成や校内研修実施の手段や資源等の整備の三つを挙げている。また校内研修を補完するものとして、教員同士における学び合いのネットワーク構築の必要性についても言及している。

こうした校内外の学びの機会の提供に際しては、教育委員会が教職大学院等を含めた大学や関係機関と協働して取り組むとともに、単位化等による学びの成果が実感できるような取り組みを大学等と連携・協議していくことが必要であるとしている。また、研修実施体制の整備・充実に向けた条件整備として、(i)研修の機会や子どもと向き合う時間を確保するため、教員の業務の見直しや事務職員や他の専門能力スタッフの活用の推進、(ii)研修で業務を離れる教員の代替も含め、研修機会の確保やアクティブ・ラーニングの視点に立った学びの推進等に必要な教職員定数の拡充や指導教諭の配置を促進するための加配措置の検討、(iii)指導主事の配置や指導体制を充実するための必要な措置を講じることの必要性を指摘している。この他、独立行政法人教員研修センター（現：教職員支援機構）の機能強化を挙げ、(i)研修のみならず、養成・採用・研修を通じた一体的な改革のためのネットワークを構築し、それを体系的、総合的に支援するための拠点を整備する全国的な拠点となること、(ii)教育行政専門職・教職大学院等の大学教員の資質向上に資する研修機会の提供や教材バンクとして機能すること、(iii)教員採用試験における共通問題の作成に向けた調査研究に着手することに積極的に関わることなどを求めている。

②教員養成

教員養成に関しては、学校現場をより意識したものへの転換が示されている。まず、大学の創意工夫により質の高い教職課程を編成することができるようにするため、教職課程科目の大括り化を行う必要があるとし、特に「教科に関する科目」と「教科の指導法」との科目区分の撤廃を求めている。また、現代的教育課題への対応として、アクティブ・ラーニングの視点を教育実習や教職実践演習以外の科目においても取り入れることを求めるとともに、

「総合的な学習の時間の指導法」や「特別支援を必要とする幼児・児童及び生徒に対する理解」を新たに必修とするとともに、チーム学校への対応やカリキュラム・マネジメント等の事項を既存の科目に含めることを求めている。さらに、教職課程の編成にあたり参考とする指針（教職課程コアカリキュラム）の整備のための検討を進める必要を指摘している[3]。加えて、学生が長期間にわたり継続的に学校現場等で体験的な活動を行う学校インターンシップを導入するための環境整備と、それを教育実習の一部に充てることを可能にする制度の具体化などを検討する必要があると述べている。

教職課程の質の保証・向上に関わっては、まず、組織面の整備として、全学的に教職課程を統括する組織の設置の努力義務化や、教職大学院の認証評価のような第三者評価を支援・促進するための方策の検討などが指摘されている。また、学校現場体験を含む実践的な内容やこれらの教育課題に対応したＦＤ（Faculty Development ＝大学教員の教育能力を高めるための研修）の実施、教育委員会と連携して学校現場に携わる教員の確保や実務家教員の育成・確保の取り組みの推進といった教職課程担当大学教員の資質向上等に関する養成・採用・研修のあり方についても言及している。

なお、これら一連の教員養成に関する改革においては、国立教員養成大学・学部が、地域のニーズを踏まえつつ、新たな教育課題に対応した取り組みを率先して実施し、他大学・学部におけるモデルを提示して、その取り組みを普及・啓発することを求めている。

③ 教員養成・採用・研修を通じた改革の具体的な方向性

本答申の主眼は、教員のキャリアシステムの構築のための体制整備にあるといっても過言ではなく、実際、本答申はその末尾において次のように述べている。

本答申においては、教員の養成・採用・研修を通じた一体的制度改革として、「教員育成協議会」（仮称）、教員育成指標、教員研修計画等といった連携・協働の基盤的整備により高度専門職業人として学び合い、高め合う教員を育成・支援するキャリアシステムの構築等について提言した。また、研修、採用、養成、免許制度等に関するそれぞれの課題に対する提言を行った。このため、答申に「学び合い、高め合う教員育成コミュニティの構築に向けて」という副題を付した。（六一頁）

なかでも、「要」として位置づけられているのが「教員育成指標」である。この指標は、養成・採用・研修の一体化を具体化する要とされ、国、独立行政法人教員研修センター、教育委員会、学校、大学といった関係機関が体系的に養成・研修を行う際の目安と位置づくと同時に、個々の教員志望の学生・教員にとっては自らの資質能力の向上を図るうえでの目標として位置づけられている。実際、本答申は「高度専門職業人として教職キャリア全体を俯瞰しつつ、教員がキャリアステージに応じて身に付けるべき資質や能力の明確化」を図るとともに、それにもとづき「教員の養成・採用・研修の接続を強化し一体性を確保」し、「国、独立行政法人教員研修センター、教育委員会、学校、大学が互いに連携・協力しながら体系的に養成及び研修をおこなっていく」（四八頁）ためのものとしている。また、この指標にもとづき「教職課程に在籍する学生や現職教員の両方にとって、教職キャリア全体を俯瞰しつつ、現在自らが位置する段階において身に付ける資質や能力の具体的な目標となり、かつ、教員一人一人がそれぞれの段階に応じて更に高度な段階を目指し、効果的・継続的な学習に結び付けることが可能となる」（同上）とともに、「研修実施等の目安として、教員や教育委員会をはじめとする関係組織の支え」にもなるものであり、ひいては「教員の高度専門職業人としての地位の確立に寄与することが期待され、教員が自信と誇りを持ちつつ、指導に当たることが可能になると考えられる」（四九頁）としている。

この指標の策定にあたっては、養成・研修を担う各大学・教育委員会の自主性・自律性を尊重しつつも、各地域が参酌すべきものとして国が大綱的に示し[4]、先述した教職課程コアカリキュラムもそれを踏まえたものとすべきとされている。本答申は、「各地域の課題や特性を踏まえ、自主性や自律性が最大限発揮される制度となるよう配慮が必要」であるため、『教員育成協議会』（仮称）ごとに協議・調整をおこない、学校と地域の連携・協働体制を構築しつつ、教員育成指標を整備していくことが必要」であるとしながらも、「一方、高度専門職業人としての教員に共通に求められる資質能力、グローバル化をはじめとする大きな社会構造の変化の中にあって、全国を通じて配慮しなければならない事項やそれぞれのキャリアステージに応じて最低限身に付けるべき能力などについては、各地域が参酌すべきものとして国が策定指針などにおいて大綱的に示していくべき」（同上）であるとしている。また「国の策定指針を踏まえ、大学が教職課程を編成するに当たり参考とする指針（教職課程コアカリキュラム）を関係者が共同で作成することで、教員の養成、研修を通じた教員育成における全国的な水準の確保を行っていくことが必要」（同上）とも述べている。

⑤ 教員の資質能力の高度化

教職大学院については、教員の資質能力の高度化に際して中核的役割を果たすものとされている。「学び続ける教員の高度化を図りながら、学校現場が直面する諸課題の構造的・総合的な理解に立って幅広く指導性を発揮できる実践力のある教員の養成が進められており」、「教職大学院は、質的な面のみならず、量的な面でも大学院段階での教員養成の主軸として捉え、高度専門職業人としての教員養成のモデルから、その中心に位置付けることが必要」であり、「教職大学院が大学と教育委員会・学校との連携・協働のハブとなり、学部段階も含めた大学全体の教員養成の抜本的な強化や、現職教員の研修への参画など地域への貢献の充実を図ることが求められる」（五六頁）としている。また「教育委員会と連携し、現職教員の育成のみならず地域や学校における教育改革の取組を支援」することを進めていくことにより、「教育委員会と教職大学院の連携がより一層促進・強化されることも期待される」（五七頁）としている。さらに、教職大学院を中心とした大学における履修証明制度の活用等により、複雑化、多様化する教育課題に対応するための教員資質能力の一層の高度化が図られる必要があり、「将来的には教員養成の大学院レベル化も視野に入れつつ、教職大学院を中心とした大学と教育委員会が連携しながら教員の養成や研修を進め」、「教員がこれらの方法により学習した成果を専修免許状の取得や能力証明（サーティフィケート）に結びつけられる方策」を通じて、「一人一人の教員が自ら学び続ける意欲を高め、ひいては高度専門職業人としての教員の地位の確立にも寄与することが期待される」（五八頁）とも述べている。加えて、「各都道府県の教育委員会ごとに『教員育成協議会』（仮称）が設置され、それらと併せて教職大学院が設置されるとともに、独立行政法人教員研修センターとの連携が図られることで、教職生活全体を通じた教員の能力形成を支援するネットワークが、全国的にも、各地域にも構築される立体的なものとなり、教員の資質向上の全国的な充実が図られることが期待される」（同上）とし、教職大学院を本答申の目指す教職生活全体を通じた教員の資質能力の育成を支援するネットワークの起点ともいうべき重要な役割を果たすものとして位置づけている。

（3）効果指向主義の教員制度改革のさらなる進展?

本答申は、「これからの学校教育を担う教員の資質能力の向上について」というそのタイトルの通り、教育改革の担い手として教員に必要な専門性の向上を図ろうとすると同時に、そうした教員自らが専門性の向上へと向かうための仕組みづくりを提起したものといえる。

しかしながら、答申は、現代の学校・教員が抱える課題に対応した新たな資質能力観を提起しているというよりは、これまでの教員の資質能力観を前提としつつ、現代の学校・教員が抱える課題への対応力の向上を求めているにすぎないように思われる。確かに、本答申は、時代やキャリアステージの変化に対応して自律的に自らの資質能力を向上させ状況に対応していく力など、一見新しいようにみえる資質能力を挙げているようにも思われる。しかしながら、一方で教育実践・組織面に関わる現代的教育課題が具体的に列挙され、それへの対応力をそのまま教員の資質能力として示すにとどまっており、先の資質能力も単にこうした教育課題への対応力を自ら高めていくことを謳うものに過ぎないように思われる。例えば「新たな学びを支える教員像」への転換を図るのであれば、「授業技術を中心とするものから、子どもの学びのデザインとリフレクション（省察）を中心とするもの」（佐藤、二〇一五、四三頁）へのシフトといった、これまでとは異なる教員の専門性とその向上のあり方が提起されるべきだが、そうした言及がみられないのは、あくまでも「同じ現場実践という領域において、より『ランクの高い』とされる現場実践のスキルや心構えや新しい動向を学ぶ」（久冨、二〇〇八、二九九頁）といった伝統的な教員の資質能力観や教員の職能成長観の延長にもとづいていることによると考える。実際、「育成指標」に関する文部科学大臣による大綱的指針をみても、「教職への態度、授業の技能、教室経営の技能、学校経営の技能、学校で生起する問題への対処など、教師としての心構えと職業態度と実務能力の向上を目的」とするこれまでの「資質能力アプローチ」（佐藤、二〇一五、五一頁）が前提とされており、子どもの学びと発達に関する知識や生徒の認知的発達に関する知識など「教師が専門家として実践を遂行するのに必要な『知識基礎』の見直し」を図る「知識アプローチ」（同上）への転換を目指すものではない。同様に、教員養成段階においても、現代教育課題に関する科目の新設・関連事項の既存科目への組み込みや学校インターンシップの導入、あるいは実務家教員の確保など、今日の学校が直面している教育課題への対応を念頭においた内容・組織両面での改善を強く求めるものとなっている。また、教職大学院についても、「学び続ける教員の高度化を図りながら、学校現場が直面する諸課題の構造的・総合的な理解に立って幅広く指導性を発揮できる実践力のある教員の養成」を行う「高度専門職業人としての教員養成のモデル」の中心とされており、あくまでも既存の教員の資質能力観と職能成長観を前提としつつ、学校現場が直面している課題の解決を強く指向したものとなっているといえよう。

したがって、教員の資質能力の向上を図る仕組みづくりも、上述した既存の教員の資質能力観と職能成長観とを現代的教育課題に対応した形で強化するための官僚主義的統制を強めるものになっているように思われる。実際、「学び続ける教員を支えるキャリアシステムの構築のための体制整備」として、教育委員会と大学等との協議・調整のための体制（教員育成協議会（仮称））を構築し、そのもとで国が大綱的に示した指針にもとづき教員育成指標を策定し、それにもとづき研修計画を全国的に整備していくことを求めている。うち、教員育成指標は、研修のみならず、養成や採用とも関わるものとしても構想されており、それにもとづく教員採用試験の共同実施や教職課程コアカリキュラムの作成[5]の可能性も示唆されている。すでに述べたように、教員育成指標に関する大綱的指針は、これまでの教員の資質能力観と職能成長観の延長上に位置づくものであり、この指標により養成・採用・研修といった生涯にわたる教員としての成長がより強固に枠づけられ、教員の学びの創造性や自主性、ひいては教員としての自律性がこれまで以上に制限されることにもなりかねない（佐藤、二〇一六）。また校内研修が管理職や研修リーダーのもとで組織的・継続的におこなわれるような体制の整備を図るとともに、校内外の研修が効率的・効果的に行われるよう、独立法人教員研修センターを機能強化し、各地域の教員研修施設や教職大学院などの大学などとのネットワークの拠点となりその支援にあたることとされているが、これらを通じて学校現場レベルと全国レベル双方における教員研修の官僚主義的組織化が図られる可能性も否定できない。このような仕組みは、個々の教員が専門職として自らの求めに応じて自律的に専門性の向上を図っていく「学び続ける教員像」の確立に寄与するというよりは、こうした官僚主義的統制のもとで「学ばされ続ける教員像」の確立に寄与する可能性を多分に有していると考える。

本答申が掲げる教師教育改革は、二〇〇〇年代に入って明確になってきた「効果指向主義の専門職性[6]（effective-oriented professionalism）」（久冨、二〇〇八）の延長上に位置づくものと考える。この「効果指向主義の専門職性」とは、教員を諸改革の担い手として位置づけ、その効果的・効率的な実現に向けて教員の資質能力の向上を求めると同時に、教員それ自体を改革の対象と位置づけ、教員管理・教員人事・教員評価・教員免許等に関する教員制度改革を通じて、かれらが自らの資質能力の向上と諸改革の実現に積極的に取り組み、その成果を収めることにより学校・教員に対する信頼回復を図ろうとするものである。本答申は、これまで具体的な提言がなされてこなかった教員の資質能力あるいはその向上策を中心的課題とし、従来の教員の資質能力観と職能成長観にもとづき、教員を政策側が示す目標の効率的・効果的達成を担う「職務遂行者」として位置づけ「脱専門職化」するだけでなく、「指標」に即して「学び続け」「学び合う」なかでその資質向上を図っていくものとして「再専門職化」するものと考える。ただし、それは公共的使命、高度な知識・技能、自律性、倫理性などを与件とした「専門職」とは異なり、国家的公共性のもとで、政策により同定された教育課題への効果的・効率的対応を可能とするために、「よりランクの高い」実践的な知識・技能をもつことを期待され、国家の側から組織された基準・体制のもとで教員としての資質能力の向上を図っていくことが求められる「高度専門職業人」に過ぎない。このような「再専門職化」に向けた動きは、佐藤（二〇一五）が提起してきた「子どもの学びのデザインとリフレクション（省察）」にもとづく教職の専門職化に向けたグランドデザインを「効果指向主義」的に再編したものといえる。すなわち、本答申は佐藤と同様に、質の高い「新たな学び」を実現するために「『学び続ける教師』の『教師の学び』を中心概念として改革を提言しながらも、『教員育成指標』による『教師の学びの体系化』にしても、大学と教育委員会の協同を促進する『教員育成協議会』にしても、『教師の学び』も大学の教員養成も学校の校内研修も行政指導の対象とされ、結果として官僚主義的行政による統制に支配され」（佐藤、二〇一六、一四―一五頁）る危険性をはらんでおり、また「教師教育改革のグランドデザインにおいて大黒柱となるべき教職の高度化、専門職化、自律性の確立の三つの最重要課題が脱落しているため、グランドデザインとしては不十分な提言」（同上、一一頁）にとどまっていると考える。

2　国立教員養成系大学・学部改革の動向

前節（２）②で述べたとおり、今日の教師教育改革において、国立教員養成大学・学部は特別の位置を占めている。以下では、二〇一七年八月に出された本報告書をもとに、その背景や改革の方向性等について考察していく。

（1）背景と位置づけ

本報告書は、二〇一六年度を教員養成をめぐる様々な変化の結節点と捉えている。それは、二〇一五年に三つの中央審議会答申が出されたこと、中教審における学習指導要領の改訂に向けた審議が大詰めを迎えたこと、国立大学の第三期中期目標期間（二〇一六～二〇二一年度）がスタートしたこと、教職大学院がほぼ全都道府県に設置されたこと、教員需要が近く全国的に減少傾向に転じることなどによるとしている。それを踏まえて、本報告書は、その冒頭において、国立教員養成大学・学部への期待を次のように述べている。

教員需要の減少期の到来の一方で、教員としての専門性の高度化が求められる今日、国立教員養成大学・学部が、限られた資源の中で社会の多様な主体と連携しつつ改革を進め、エビデンスに基づいて教員養成機能を着実に高め、我が国の学校教育全体の質の向上をリードすることが期待されている。（二頁）

ここでは、以下の三つの文脈が意識されているといえる。

第一に、教員需要の減少である。本報告書は、教員需要が近く全国的に減少傾向に転じることを指摘し、その状況は教員養成大学・学部の再編・統合を謳った二〇〇一年の「今後の国立の教員養成大学学部の在り方について（報告）」（以下、「在り方懇報告」と略す）よりも、教員養成をめぐる社会状況は厳しいと論じている。国立教員養成大学・学部が「教育に係る国の責任にかんがみ、安定的に質の高い教員を一定数養成する観点から、各都道府県に設置され」（三頁）てきたと捉える計画養成の立場からすれば、この教員需要の減少は国立教員養成大学・学部の入学定員などの規模縮小・教員数等の面での小規模化をもたらし、ひいては教員養成機能の維持・強化を招きかねない。そうした危機意識が本報告書を貫く基底的文脈となっており、主として「組織・体制」の問題として論じられている。

第二に、教員としての専門性の高度化への対応である。本報告書では、「我が国の厳しい財政状況により、投入できる資源には限りがある中で、教員としての専門性の高度化を実現するためには」、「国立教員養成大学・学部こそ、その先導役になることが期待される」（同上）と述べている。特に、新学習指導要領が求めるカリキュラム・マネジメントや「主体的・対話的で深い学び」の視点からの授業改善、学校内の多様な人材や地域の多様な専門性や経験を持つ人材などとの連携・協働による学校運営や教育活動の充実といった新学習指導要領や二〇一五年一二月に出された三つの答申との関連での教員養成カリキュラムの充実を求めている。また国立教員養成大学・学部には、「教員としての専門性の高度化が求められる中で、教員の教職生活全体を通じた職能成長を支援することが強く要請されており、ほとんど全ての都道府県に教職大学院を有するという強みを生かして、教員の養成のみならず、現職教員の教育・研修の機能も強化していくべきである」（一四頁）とし、教職大学院を中心に現職教員研修への貢献を求めている。

第三に、国立教員養成大学・学部の機能強化である。本報告書では、教員志望が高い学生などを入学させ、質の高い教員として輩出することを国立教員養成大学・学部の目的とし、その達成に向けた改善とその成果の発信を、エビデンスをもとにおこなっていくことを強く求めている。また学部・教職大学院・附属学校間の内部の機能統合を進め、三者の垂直的な連携強化による機能強化と効率化を図っていくことや教員の働き方改革を含む地域のニーズに対応した教員の養成・研修に取り組むことなどを求めている。

このように、本報告書は国立大学教員養成大学・学部に対して、教師教育の高度化への対応を効果的・効率的におこなっていくことを求めるものといえる。そこでは、前節でみた教師教育改革を基調としながらも、「ミッションの再定義」をはじめとするその機能強化を謳う一連の国立大学改革と、かつて二〇〇一年の「在り方懇報告」で目指された国立教員養成大学・学部の改革・再編という課題が強く意識されているといえる。

（2）改革の諸相

本報告書は、国立教員養成大学・学部の課題とその対応策とについて、カリキュラム・養成環境、質の保証・評価、大学教員、外部との連携、教職大学院、附属学校園、組織・体制それぞれに即して論じている。以下では、そのうちの対応策を中心にその概要をみておきたい。

①カリキュラム・養成環境

教員養成カリキュラムの編成に関しては、大学の自主性・独自性を認めつつも、教職課程コアカリキュラムや「育成指標」といった国レベルの基準と現代的教育課題を中心とした地域の学校・教育委員会のニーズとへの対応を求めている。実際、本報告書は「教職課程コアカリキュラムや『校長及び教員としての資質の向上に関する指標』の内容に、地域や学校現場のニーズに対応した教育内容や、大学の自主性や独自性を発揮した教育内容を加え、体系性を持った教員養成カリキュラムを編成すること」（一六頁）としている。また、本答申で示された「実体験を通じて学校現場の楽しさや難しさを体感させられるよう、学校インターンシップ等」の導入や学校教育職員免許法改正にもとづく「教科専門と教科教育の一体化を促進する臨床的手法や教科横断的な教科の指導法についての科目」（同上）などの設置についても言及している。この他、養成環境については、各大学が「新たな学び」やＩＣＴの活用に向けた場の整備に努めるとともに、国がそのための予算措置を検討するべきとしている。

②質の保証・評価

質の保証と評価に関しては、自己点検・評価の仕組みを構築し、自らの教育活動の成果をエビデンスで示すことを求めている。本報告書は「国立教員養成大学・学部は、教員養成課程における自己点検・評価の仕組みを構築し、内容の充実を図り、広く社会に自らの役割や存在意義が明確に理解されるよう、自己改革能力を高めること」（一七頁）とし、その際、東京学芸大学を中心に開発された「教員養成教育認定評価」の成果の活用などを求めている。この他、「日本教育大学協会や先進的な大学の主導により、教員就職率に加えて、各国立教員養成大学・学部（附属学校を含む）の教育活動の成果や実効性を、エビデンスで示すための統一的な指標」（同上）の作成と活用とがなされることを期待している。

③大学教員

大学教員については、理論と実践、あるいは教科と教科教育の一体化に向けた教員人事や教育・研究のあり方などを指摘している。本報告書は、「教員養成カリキュラムや教員構成において、率先して教科専門と教科教育を一体化させ、さらに教職教育とも関連付ける取組を進めるとともに、実践探究の場と学問探究の場の両方に軸足を置く大学教員の比率を段階的に高めるべきである」（一八頁）と述べ、特に教科専門と教科教育の一体化と、実践探究と学問探究との一体化とを求めている。前者については、教科専門と教科教育をつなぐ「教員養成学」に相当する学問を構築し、国立教員養成大学・学部がそれにもとづき組織的に研究を行い、教育の質の向上を図っていくべきとしている。また後者については、現場での実践と査読付論文の両方を重視する「臨床教科教育学会」などの活動の活発化とともに、実務家教員が実践を理論に照らして問い直し実践研究論文として発表し、その成果をもとに教育をおこなう資質能力をもつことを求めている。

④ **外部との連携**

本報告書は、国立教員養成大学・学部に対して、「教育委員会との間の連携を実質化するため、人事交流や事業の共同実施など、具体的に成果が見える連携を充実」（一九頁）していくことを求めている。特に教職大学院に対しては、二〇一七年の学校教育法改正において「専門職大学院は、文部科学大臣の定めるところにより、その高度の専門性が求められる職業に就いている者、当該職業に関連する事業を行う者その他の関係者の協力を得て、教育課程を編成し、及び実施し、並びに教員の資質向上を図るものとする。」（第九九条第三項）とされたことを受けて、各教職大学院が掲げる養成人材像と関連が深い者や学外の有識者等からなる組織を整備するべきとしている。また「教育委員会や学校現場のみならず、企業や経済団体等の多様な機関と連携・協働した実社会とのつながりを踏まえた教育や研究にも取り組むなど、教員養成課程の実践性を高めること」（一九頁）を求めている。なお、この外部との連携に関しては、早急に対応すべきこととして、教育委員会との間での育成指標の作成や教育研修計画に沿った研修の企画・実施を協働して進めること、教育委員会と協働して企画・実施した教職大学院プログラムを教職大学院の単位にすること、さらに教育委員会との恒常的な人事交流のサイクルを検討することなどが挙げられている。

⑤ **教職大学院**

教職大学院については、本報告書のおよそ四分の一にあたる約七頁にわたって対応策が示されている。そこでは、教職大学院を学校教育全体の知の拠点として位置づけ、教員養成・教員研修を通じた教員一人一人の教職生活全体を通じた職能成長と個々の学校が抱える課題解決とを支援する役割を担うためのカリキュラム編成やコースの設定（含む Ed.D（専門職博士）の創設）や、学校・教育委員会・独立行政法人教職員支援機構との連携・協働体制の整備などを求めている。実際、本報告書は、二〇一五年の本答申にもとづき、国立教員養成大学・学部の修士課程を原則教職大学院に移行させ、独立行政法人教職員支援機構と連携し現職教員の能力形成の支援に取り組むことを求めている。また国立の教職大学院の新たな役割として、「教職大学院の全都道府県での設置がほぼ達成されたことを受けて、学校教育全体の知の拠点となるよう、更なる教育内容の質向上及び多様化・特色化を目指して、従来の役割に加え、(i)高い実践性を生かした教科専門と教科教育を一体化した科目の設置や教員養成課程のカリキュラム・マネジメントを通じて学部を含む大学の養成機能全体の充実をリードする役割、(ii)教員の養成のみならず現職教員の教育・研修機能も強化しつつ、教職生活全体を通じた職能成長を支援する役割、(iii)管理職養成コースや教科領域を学ぶコースの設定など社会の要請に柔軟に対応した多様な学習の場を提供する役割、(iv)実際に学校が抱える課題を教職大学院の特色である『理論と実践の往還』の手法を活用して解決すること等を通じた学校現場の質を向上させる役割など」（二〇頁）を挙げている。うち、(i)については教科専門と教科教育の一体化、学部と教職大学院の関係の強化・一体化とそれにもとづく一貫教育の導入などを、(ii)については教育委員会等との「教員育成協議会」におけるニーズを踏まえつつ、教職経験年数等に応じた多様なコース設定、入学後も学校現場を離れずに一年間で学べるなど学びの質と利便性とに配慮した仕組みの導入、教職大学院の一定の科目群の修得による「履修証明」取得者に対する教育委員会の研修の一部免除などを、(iii)については新たな教育課題や最新の教育改革の動向に対応した内容とその実践の基礎をなす理論の学習を確実に教育課程に含むとともに、学部段階の教職課程コアカリキュラムの内容と接続した教育課程を構築することを、(iv)については大学と教育委員会・学校との連携・協働のハブとなり、大学全体の教員養成機能の抜本的強化や、現職教員の研修の体系化、学校現場が抱える課題の解決など大学による地域貢献の充実をリードするとともに、地域の教育課題解決のためのコンサルテーション機能を担う組織に発展することなどを、それぞれ挙げている。この他、教職大学院につながる実践性を重視した専門学位（Ed.D）の将来的方向性に関する検討も示唆されており、教職大学院の修了生が学校現場に戻った後、再び博士課程で学び、更に学校現場を経て教職大学院の実務家教員として教鞭をとるなど、学校現場と大学における学びのサイクルの普遍化を進めることを求めている。

⑥ 附属学校園

附属学校園に対しては、その存在意義・役割・特色を明確にすることを求めている。大学の教育・研究に貢献するとともに、「選考方法─教育・研究の方法─成果の還元方法」の有機的なつながりを明確にするべきとしている。また附属学校が先導的に取り組むことによって同様の動きや課題意識が地域に徐々に広がっていく「起点」ないし「拠点」となる動きも含めて、公立学校の広い意味のモデルを目指すべきであるとしている。さらに校長の常勤化や附属学校を統括する組織の設置を通じたガバナンス強化、大学における評価委員会の設置や学校評議員の機能強化による附属学校に焦点を当てた評価の実施を求めている。

加えて、教員の養成・採用・研修の一体的改革において、附属学校も、従来の教育実習校としての役割にとどまらず、三〇～四〇年間にわたる教職生活全体を見据えた教員研修に貢献する学校へと機能を強化するべきであるとし、公立学校の現職教員のための日常的な研修の場となること、附属学校を拠点として教職大学院修了者や大学の実務家教員を確実に輩出するサイクルを作ること、さらに附属学校の実践の教材化や実践の場としての活用を通じた教職大学院との一体性を強化することなどを指摘している。

⑦組織・体制

組織・体制については、附属学校を含めた国立教員養成大学・学部に対してその効率性・効果性を求める内容となっている。本報告書は「教育課題の複雑化・高度化が進む中で教員養成機能を向上させるためには、十分な予算と優秀かつ多様な人材の確保が不可欠である」ものの、「教員需要が減少傾向にあると考えられる中で、ほぼ全都道府県に置かれている国立教員養成大学・学部が現在の組織や規模のままで機能強化と効率性の両方を追求することは困難である」(二七頁）とし、地域の教員需要の推移に応じた教員養成課程の入学定員の見直しや小規模になる教員養成機能の県内・外の国公私立大学との間の連携・集約を通じた強化についての検討をおこない、第三期中期目標期間中（二〇二一年度末まで）に一定の結論をまとめるべきとしている。また附属学校についても、現在の規模や学校数等の見直しを求めるとともに、各附属学校間の役割分担や教育・研究の成果の具体的な還元方法、その効果の最大化のための入学者選考の方法等を検証することを求めている。一方、国に対しては、入学定員の見直しや連携・統合等の取り組みを志向する大学に対して、その促進のために財政面も含めた支援を検討するとともに、各大学が教員養成機能の強化を図りつつ効率化も推し進めていくための仕組みとして、一人の教員を複数の大学が専任教員としてカウントしたり、各大学の学部などの教育課程に必要な授業科目を他の大学と分担したりすることを可能にするための大学設置基準の改正を求めている。

（3）国立教員養成大学・学部の「専門職大学」化？

これまで本報告書の各項目について概観してきた。そこでは前節で考察してきた教師教育改革の方向性がより明確に示されていると同時に、学部・大学・附属学校園に関する教育・研究（含む大学教員）やその評価・組織体制のあり方についてかなり踏み込んだ提言がなされている。こうした国立大学教員養成大学・学部をめぐる改革の基調となっているのは、「専門職大学制度」のように思われる。実際、本報告書では「組織・体制」の対応策の一つとして、以下のように「専門職大学制度」に言及している。

上記（国立教員養成大学・学部の再編・統合：引用者）の検討に当たっては、学部と教職大学院の一貫性の強化を図る仕組みとして、平成31年度から施行される専門職大学制度が目指す方向性を参考に、深く専門の学芸を教授研究することを維持しつつ、地域や教育界・産業界と連携した高度な実践力と豊かな創造力を有する教員を養成する方法を取り入れることも考えられる。（二八頁）

この「専門職大学制度」は、「深く専門の学芸を教授研究し、専門性が求められる職業を担うための実践的かつ応用的な能力を展開させることを目的とするもの」（学校教育法第八三条第二項）とされ、産業界等と連携した教育課程の開発・編成・実施、実習などの強化、実務家教員の積極的な任用などを特徴とするものである。本報告書が示す対応策も、国の教育政策をはじめとする外部の要請への対応を強く求めるものとなっており、実際、「専門職大学院」として創設された教職大学院はもちろんのこと、学部についても「育成指標」「教職課程コアカリキュラム」や現代的教育課題を中心とした学校・地域のニーズに対応した教員養成カリキュラムへの改善、実際の学校現場における実践を強く指向した教育・研究の活性化や大学教員の資質能力の確保・向上、教育委員会との人事交流や事業の共同実施などの実質的な連携の充実、働き方改革をはじめとする現代教育課題への対応を先導するモデルとしての国立大学附属学校への転換など、学校現場における課題解決を強く意識した対応策を本報告書は示唆している。

こうした方向性は、すでに二〇〇一年の「在り方懇報告」に示されていたといえるが、本報告は二〇〇六年の中教審答申にもとづく教職大学院の創設や二〇一五年の中教審答申にもとづく「育成指標」「教職課程コアカリキュラム」「教員育成協議会」「教科専門と教科教育の大括り化」といった、この間推し進められてきた制度改革の実現に向けた、より具体的かつ詳細な対応策を講ずることを国立教員養成大学・学部に求めるものである。いわば、本報告書は、一九五八年の中教審答申において「教員養成を目的とする大学」として位置づけられた国立教員養成大学・学部を、六〇年の時を経て「専門職大学制度」が目指す方向性にもとづきそのあり方を再定義し、その実現に向けた取り組みを強く求めるものといっても過言ではないように思われる[7]。なお、国立の教員養成系修士課程の教職大学院への原則移行が現実のものとなりつつあるが、それは学部段階の教員養成を「専門職大学」化するための重要な布石ともいえ、本報告書がその検討を求めている Ed.D の創設も「専門職大学制度」体系の構築に向けた動きとして考えることもできる。

このような「専門職大学」化の流れの中で、国立教員養成大学・学部が目的・計画養成大学・学部としてより明確に位置づけられることにより、その目的とその達成の明示を求める質保証・評価政策の影響を強く受けることにもなりかねない。本報告書は、すでに公表されている「教員就職率に加えて、各国立教員養成大学・学部（附属学校を含む）の教育活動の成果や実効性を、エビデンスで示すための統一的指標（学生一人当たりの学校現場での実習時間、実務家教員の割合、教科横断的な教員養成カリキュラムの開設状況、既卒者も含む各大学出身者の教員就職状況等）の作成と活用」（一七頁）を期待するとともに、附属学校に対してもその研究成果の提供・還元の具体的な効果を測る方法を工夫することなどを求めている。こうした客観的な根拠（エビデンス）にもとづく質保証・評価は、二〇一八年三月の「第3期教育振興基本計画について（答申）」において「客観的な根拠を重視した教育政策の推進」が明記されたことにより、今後より一層強化されていくと考える。そのもとでは、各大学・学部は政策側が示す課題の解決をいかに効果的に行っているかを明示する必要に迫られることとなり、結果として各大学・学部がもつ自律性は大幅に制限されることにもなりかねない。実際、本報告書は、東京学芸大学教員養成評価開発研究プロジェクト（二〇一七）が「各教員養成機関が大学という自律的な組織として自らの内部質保証を機能させていることの認定（アクレディテーション）であり、その公証となることを目的」（一頁）に開発した「教員養成教育認定評価」の成果の活用を謳っているものの、一方で「教員養成教育評価認定」自体に対して「評価基準を新たな教育課題等に対応したものに改善すること」（一七頁）を求めている。

　また国立教員養成大学・学部が目的・計画養成大学・学部としてより明確に位置づけられることにより、教員需要の減少を理由として、その規模の縮小と組織再編を強く求めることも可能となる。本報告書は、全国の教員の年齢構成や少子化の傾向を踏まえて今後教員需要が減少傾向にある一方で、国の厳しい財政事情により投入できる資源にも限りがあることから、機能強化と効率性の両方を追求するためには、国立教員養成大学・学部の入学定員を見直すとともに、小規模になる教員養成機能を県内あるいは県を越えた国公私立大学との間で連携・集約することにより、機能強化を図る必要があるとしている。こうした人材育成と社会貢献に向けた組織改革を全国・地域規模で推進していく動きは、今日の高等教育政策全般に通底するものである（光本、二〇一八）が、特に目的・計画養成大学・学部として位置づけられてきた国立教員養成大学・学部にとって、教員需要の減少という「客観的根拠」

はその規模縮小をはじめとする組織再編の検討を余儀なくさせるものとなっている。また上述した質保証・評価政策により、各大学・学部の達成度が明示化されれば、それを「客観的根拠」として組織再編が進められる可能性も否定できない。

　こうした「専門職大学制度」化に向けた動きは、「大学における教員養成」という原則において前提とされてきた、教員の専門性の基盤となる知識基盤の再編、ひいては大学における研究教育のあり方の転換を伴うものである。本報告書は、「教科に関する科目」と「教科の指導法」との科目区分の撤廃、あるいは「教科内容学」や「教員養成学」といった学問分野の必要性を以下のように指摘している。

> 教員養成大学・学部は、大学教育の場であると同時に、学校教育という実践に向けた専門職教育の場であり、教員の養成が最終的な目標であることを明確化した上で、それぞれの教育・研究が有機的に行われるよう、子供《ママ》の成長や発達との関連性を持たせた「教科専門」と、実践性を担保した「教科教育」とを一体化した領域ととらえ、「教職教育」も含む《教員養成学》に相当する学問分野を作ることが必要との声が高まっている。(八頁)

　バーンスティン（二〇〇〇）[8]の理論にもとづくならば、こうした提起は、教員養成における「個別学モード」から「領域学モード」への転換を求めるものといえる。「個別学モード」とは、いわゆる物理学や心理学といった古典的学問分野であり、それぞれ特殊化・分離化した言説をもち、「全体として自己愛的であり、それ自身の発展に指向し、強い境界性と階統によって守られている」(同上、一一三頁）ものである。実際、教員養成、とりわけ国立教員養成大学・学部における教員養成のあり方については、これまでも幾度となく、様々な専門分野の教員からなる「ミニ総合大学」において「各教員がばらばらに自らの学問なり専門知識を教えておけば、結果として良い教員が養成される」、「とにかく教えておけば、あとは学生たちが、自分の内部において統合し、教師としての力量をもってやってくれるに違いない」（横須賀、二〇一〇、四六頁）といった予定調和論に立っており、そこでは『教員養成』を教育の特定の領域を意味するというよりも、むしろその機能の一つを示す概念」（海後他、一九七一、五四五頁）としか捉えられておらず、「教育実践における技術的体系性の否定ないしは軽視をみちびくおそれが強いといわなければならない」（横須賀、二〇一〇、六四頁）との批判が寄せられてきた。それに対して、教員養成を「領域」として捉え、教科専門・教科教育・教職教育を「教授学」をもとに統合し、技術的体系性に支えられた専門職としての教員養成のあり方を追究していくこと（横須賀、二〇一〇）や教員養成大学・学部における「諸学芸の研究と教育を『総合』していく基本的、理念的な性質での問題認識をつくりあげる」（岡本、一九九七、四三頁）ことの必要性が提起されてきた。それらは、工学や経営学といった「個別学の再文脈化を通して、諸学問の知的な場と外的実践の場との両方で動くより大きな単位として構築される」（バーンスティン、二〇〇〇、二四頁）「領域学モード」にもとづく教員養成への転換を求めるものといえる。

しかしながら、領域学は、諸学問に対する自律性の根拠を外的実践との関わりに置いているため、「〔知識の〕工学化の、中央集権的管理的統制の、そしてまた〈教育〉内容が外的な規制によって再文脈化される傾向」（同上）にあり、領域学の「アイデンティティは、その知識をある文脈に実践として投影したときに、それが何であり、どうなるのか、ということで決まってくる」し、「その文脈の今後が、そのアイデンティティを規制する」（同上、一一八頁）といった外部投影的なものである。もちろん、いかなる文脈の下に置かれるのかによって領域学の性格は異なってくるが、少なくともこれまでみてきたような効果主義的専門職性に対応した教師教育への転換、そして本節で考察した国立教員養成大学・学部の「専門職大学」化に向けた再編動向に鑑みれば、ここで謳われている「教員養成学」は、国家的公共性にもとづく教育政策への対応を強く指向したものになる可能性が高いといえよう。特に前節１（３）で指摘した効果主義的専門職性に対応した教師教育への転換が推し進められるとすれば、領域学モードに比べてより外部依存性が強い一般的スキル・モードへの転換さえをも招きかねない。一般的スキル・モードとは、「スキル、課題、実践のパフォーマンスに、また労働の領域のパフォーマンスに必要な基本要目」（同上、一一五—一一六頁）を「コンペタンス」とし、社会変化に伴う「スキル・課題・労働分野の発展・消滅・再編（の変動過程）を持続的に受け止めていく」（一二四頁）能力である「訓練可能性」（一二五頁）の発達を指向するものである。実際、教員にその時々の教育課題に効果的効率的に対応していく資質能力の形成・向上を求める「学び続ける教員像」の提起は、この「訓練可能性」の発達を目指す一般的スキル・モードをすでに前提としているように思われる[9]。

これまで述べてきた国立大学教員養成大学・学部改革動向は、国家的公共性にもとづく教育改革を主導することに向けた、教育・研究と組織体制との再編を図るものといえる。その大きな問題点の一つは、これら大学・学部そのもの、その担い手である大学教員、さらには教員養成の受け手である学生・院生たちの教育という営みに対する「研究基盤性」（久冨、二〇〇八）にもとづく内的なコミットメントと献身を著しく後退させ、教育という営みがもつ複雑さの理解と批判を経ることなく、予め示された課題とその解決・達成に専心させる点にある。もし「研究基盤性」を欠いた教員養成・教師教育が推し進められるとすれば、教育という営みが本来有する複雑性・困難性はおろか、今日の教育改革の正統性の根拠をなす社会の急速な変化やそれに付随する教育・社会問題の多様化・複雑化へ対応することさえ、困難になってしまうだろう。そうではなく、教育という営みそのものとそれを取り巻く状況をめぐる現実の複雑性・困難性に研究的視点をもとに向き合い、取り組む教員養成・教師教育のあり方を探究していく必要があると考える。

3 《教員養成学》のゆくえ

これまで教師教育改革、国立教員養成大学・学部改革の動向について批判的検討を行ってきた。効果主義的専門職性に向けた教師教育の再編、専門職大学化に向けた国立教員養成大学・学部の再編へと向かう文脈において、教育政策動向の側から「教員養成学」に相当する学問の必要性が提起されている。そうした状況下において、弘前大学教育学部が提起してきた《教員養成学》の今後の方向性について考える必要がある[10]。

(1) 《教員養成学》とは

《教員養成学》とは、「教員養成学部における教育と研究の総体を不断に検証することを通して、教員養成活動の質的改善に資することを目的とした学問である」(遠藤、二〇〇七、四二頁)。それは、大学設置基準の大綱化、国立大学の法人化、「在り方懇」報告書といった一九九〇年代以降の一連の大学改革を外的要因としながらも、一九七〇年代の宮城教育大学における教員養成改革の指導理念というべき「大学が教員養成に『責任』を負うという自覚を継承する学問」(同上、四五頁)として構想されたものである。

遠藤によると、《教員養成学》は、以下の研究目的、研究領域・研究課題、研究方法面での独自性をもつとされる。《教員養成学》は「研究者自らが帰属する教員養成学部における『教員養成』のあり方を研究し、その総体としての質的改善に資することを究極的な目的」(同上、四九頁)としてするものである。したがって、「大学における教員養成のあり方に焦点を合わせて、教員としての生涯にわたる職能成長を可能にする基盤形成のために大学がなすべきことは何なのかという問題」に傾注し（同上、五一頁）、教員養成カリキュラム研究のみならず、それを根底で支えかつ円滑に実施していくための教員養成学部の組織体制のあり方の研究と、教員養成の効果検証及びその方法論についての研究とをおこなうことを課題とするものである。その課題に迫るためにも、研究対象との密接な関係のなかで、研究者が自らの教育実践を持続的に相対化しつつ「知」を導出するという「臨床の知」と、それぞれの学部教員が専門とする学問研究で鍛えられた批判的分析の目で、教員養成の実践とその意味を相互批判的に検証する「協働的アプローチ」との二つが、《教員養成学》の研究方法面での独自性が求められる。

また、遠藤は、《教員養成学》の可能性として、教員養成学部の「統合の軸」が形成され教員養成に「責任」を持つ自律的な専門学部として再生すること、教員養成の実践とその学問研究との有機的連関を実現する地平が開かれること、および教員養成学部の独自性の発揮の理論的基盤を形成し、個々の大学・学部が教員養成と如何に向き合い如何なる教育を実践していくのかの「決断と選択」を行っていくことの三点を挙げている。

（2）「大学における教員養成」の意義

この間の弘前大学教育学部における教員養成改革については福島（二〇一八）に譲り、以下では、これまで考察してきた現代における教師教育改革と国立教員養成大学・学部改革を前にして、《教員養成学》構想を今後どのように進展させていくのかについて考察していく。ただし、具体的な方向性について論じる前に、あらためて「大学における教員養成」の意義について考えておきたい。

教員需給の変動にもとづく国立教員養成大学・学部の効率的な組織再編と効果的な実践を指向する「専門職大学」

への転換とが政策側から強く打ち出されている状況下において、もし国立教員養成大学・学部が国家的公共性を前提としてその求めに応じて効果的・効率的な教員養成をおこなう機関として規定されるならば、国立教員養成大学・学部の存在意義は専ら教員の需給関係への対応、あるいは政策によって示された課題への取り組み状況によってのみ、その存在意義が根拠づけられることになる。確かに、これらは国立教員養成大学・学部の重要な役割の一つといえるが、「大学における教員養成」という理念に照らすならば、『教育現象』『教育問題』についての総合的・学際的な研究教育を固有の目的とし、それを通じて大学教育に対する社会的要請に応える学部」として、「研究と教育という大学の本質に即して規定し」、「教育学部の学問研究上の独自な目的・内容と責任、それと結び付いた教員養成教育に対する明確な教育構想」（船寄、二〇〇九、二〇四頁）を追究していくことこそが重要と考える。あらためて指摘すべきことでもないが、教育という営みは、「何を」「どのように」「何のために」教えるのかに関わっている。その目的にせよ、その内容・方法にせよ、それらがいかにあるべきかについては常に価値的な議論に開かれている。それゆえ、何がよりよい教育なのかを追究していくこと、またその担い手である教員をいかに養成していくのかを、既存の教育・学校・教員のあり方の批判的検討を含めて追究していく必要がある。特に様々な校種等に関わる教員の養成に関わっている国立教員養成大学・学部には、教育学・教科教育学・教科専門の知見にもとづき、これらの問題を「総合的・学際的」な視点から研究的に追究していくことが強く求められていると考える。

こうした「総合的・学際的」な研究性は、知識基盤社会における教育・社会問題の複雑化・多様化に対応していく上で、これまで以上に重要になっていると考える。佐藤（二〇一五）は、二一世紀において教師の専門家像が、「教える専門家」から「学びの専門家」へとシフトしていることを指摘している。それは、「知識基盤社会と生涯学習社会の到来によって、学校教育システムが教師の授業を中心とするシステムから子どもの学びを中心とするシステムへと変化」し、それに伴って「教職の専門職性も、授業技術を中心とするものから、子どもの学びのデザインとリフレクション（省察）を中心としたものへと変化している」とともに、「知識基盤社会の到来によって知識は高度化し、複合化し、流動化して」おり、「教師の職域における専門的知識（カリキュラム、教育内容、授業と学びの様式、学校と地域の関係などの知識）のすべてが高度化し、複合化し、流動化している」なかで「教師は生涯学び続けることなしには職務を遂行できなく」（同上、四二―四三頁）なっていることによる。もちろん、本答申のいう「学び続ける教員像」も、こうした知識基盤社会の到来に伴う教員に求められる資質能力の変容を視野に収めているといえる。しかしながら、それは知識基盤社会の到来による知識と教員の専門職性とをめぐる高度化・複合化・流動化がもたらす諸課題を単純化し、市場や国家的公共性の要請に即した形で諸課題を再定義し、そうした課題に効果的・効率的に対応するための知識やスキルとその時々の変化に対応していくための訓練可能性を教員に求められる資質能力とし、その向上を図ることを求めるものにすぎないように思われる。そうではなく、自らが直面している諸課題に対する理解と批判をもとに教育実践をおこなう主体として教員を位置づけ、その基盤となる知識・スキル、アイデンティティの形成を図っていくのであれば、「総合的・学際的」な研究性にもとづく「大学における教員養成」を追究していく必要がある。また、生涯にわたる教員の職能成長が求められるとするのであれば、今後は学部段階のみならず、大学院段階や現職教育をも視野に収めて「大学における教員養成」に対する「責任」を果たしていくことも重要になってくる。

このことを踏まえて、以下ではこれまでの弘前大学教育学部における教員養成改革を踏まえつつ、今後の《教員養成学》の方向性について考えていきたい。

（3）今後の《教員養成学》の方向性

① カリキュラム理念

この間、弘前大学教育学部では「児童生徒に働きかけ、その反応を読み取り、働きかけ返す教育プロフェッショナル」というカリキュラム理念にもとづき、教員養成カリキュラムの体系化を図ってきた。そこで目指された教育プロフェッショナル像そのものは、教育という営みがもつ再帰性と不確定性を念頭においたものであり、当初そのことが意識されていた訳ではないにせよ、ショーン（二〇〇七）の「省察的実践家」や上述した佐藤の「学びの専門家」とも重なるものである。また教員養成カリキュラムについても、学校現場などにおいて子どもとの関わる「臨床」を軸としながら、自らの知識やスキルの到達点と課題を学生同士あるいは大学教員を交えて省察し、教育に対する見方・考え方などをあらたに見出し、教育プロフェッショナルとしてその専門性を自律的・協働的・創造的に発展させていくことを企図したものであった。しかしながら、その実現に向けて、研究・実践両面においては以下の二点を追究していく必要があると考える。

まず、省察の方法論についてである。《教員養成学》が構想された当初において、「教育の実践（体験）と理論（研究）の在り方に関する研究（特に教育体験の省察の方法論に関する研究）」（遠藤、二〇〇八、五二頁）は一つの研究の柱となっていたものの、現段階では理論的にもまた実践的にも十分に探究されているとはいえない。《教員養成学》が構想された当初の段階では、佐藤学などによりショーンの「省察的実践家」などは紹介されていたものの、「省察」そのものについて必ずしも理論的にも実践的にも蓄積がなされていた訳ではなかった。しかしながら、この間、ショーンの『省察的実践とは何か』や『省察的実践者の教育』が全訳されており、コルトハーヘン（二〇一二）をはじめとする様々な省察の方法論とそれにもとづく実践的研究も蓄積されてきている。加えて社会的正義の観点を含んだ批判的な省察についての研究（高野、二〇一八）などもみられるようになってきているが、上述した知識社会・知識経済がもたらす社会的統合の危機の高まり（ハーグリーブス、二〇一五）を考慮に入れるならば、こうした観点からの省察のあり方も重要な追究課題といえよう。いずれにせよ、こうした先行研究に学びつつ、二〇一七年に弘前大学においても創設された教職大学院も含めて、省察の理論的・実践的研究を蓄積していく必要がある。

また、構想当初においては対人支援専門職としての側面が前面に出されており、〈教える〉という営みそのもの、学習指導面については後景に退いていた。もちろん、その当初においても学力の育成や教科教育と教科専門との連携は念頭におかれていたし、後者については三年次の中学校 Tuesday 実習を通じてそのあり方が追究され、その成果が論文として公表されてきているものの（例えば、小瑶他、二〇一七）、何を学力と捉え、そのために何をどのように教えるのかについて、附属学校園も含めて学部として議論を重ねてきた訳ではない。このことについての立ち入った検討は紙幅の関係もあり控えるが、その際、小玉重夫（二〇一三）の「カリキュラムの市民化」と「中断のペダゴジー」とが参考になると考える。小玉は、これまでの「職業と結びついた専門的知識や技能を、市民的知識へと組み替えていくこと」（一五七頁）を提起すると同時に、「科学＝専門家集団の代理人として教師がいて、市民は学校教師が教えることを受動的に学ぶという関係」から「専門的な集団と市民との関係というものが、教師の中断的ペダゴジーを媒介として結びついていく」ことにより「科学の批評空間が形成」（一六九頁）されていくことに新しい学校教育の役割を見出している。このことは、学力観と教師教育における、これまでの学問・技芸の獲得を教員の知識基礎とする個別学モードに対する批判である同時に、実際の生活・労働の文脈を無視した一般的スキル・モードに対する批判にもなっていると考える。そこでは、かつて横須賀（二〇一〇）が批判したような教科専門を前提とし、教科教育や教職教育をそうした知識・技術の効果的・効率的な伝達方法として位置づけるものでもなく、また当該社会に求められる知識・技術の獲得を教科教育や教職教育に求め、それを補完するものとして教科専門を位置づけるものでもなく、専門的な集団と市民との緊張関係をもたらす「批評空間」の形成のために教科専門・教科教育・教職教育を位置づけ、それにもとづく教員養成・教師教育を拓いていく必要がある。また、こうした「批評空間」の媒介者として教員を位置づけることは、「教育専門職による閉塞性と国家による閉鎖性をともに避け」、「専門職の仕事を脱神秘化し、教師と、生徒・親・コミュニティのメンバーといった疎外されてきた構成員」との間に連携をつくりあげることを追究する「民主主義的な専門職性」(ウィッティー、二〇〇四、一一〇頁) にもつながるものと考える。

②組織

「領域学」とは、「諸個別学の再文脈化であり、内側では諸個別学に対面し、外側では外部の実践諸領域に対面して」おり、またそのアイデンティティは「外側で実践の領域により強く対面し、したがってその内容はそうした領域からの要請に依存する傾向にある」(バーンスティン、二〇〇〇、一一八頁)。もし《教員養成学》を領域学として捉えた場合[11]、領域学にもとづく内部統合とそれを通じた諸個別学問からの自律性の確保という問題と、外部の実践領域からの要請への対処という二つの課題に対応していくことが必要となってくる。

うち、内的統合に関しては、弘前大学では二〇一五年の「教育研究院」の創設に伴い、既存の学問領域にもとづく教員組織の再編がなされ、教員組織と教育研究組織との分離がおこってきている。また教育学研究科の既存の修士課程の廃止に伴い、教職大学院を担当しない教員については他研究科への所属も予定されている。これらは、個別学モードにもとづく教員組織の再編といえ、教育研究組織である学部の統合性、あるいは領域学としての自律性を弱めかねない文脈となっている。一方で、大学全体における教員人事の一元化が図られたことにより、他学部に同様の専門分野の教員がいる場合、新規採用などの教員人事に際しては厳しくその必要性が吟味されると同時に、昇進等に際しては学部における教育研究活動への貢献が以前に比べて強く求められるようになった。また、教員業績評価も、教育・研究・社会貢献・管理運営の分野にもとづき学部ごとに行われてきている。これらの文脈は、手放しで評価すべきものではないにせよ、学部としての内的統合性を促し領域学としての自律性を高める可能性を有している。今後、いずれの文脈がより支配的になるのかは定かではないが、管見の限り、現時点においては学問分野にもとづく教員組織である研究院への教員の帰属意識はそれほど強くなく、教育活動や管理運営活動に日常的に関与している教育研究組織である学部への帰属意識の方が強いように思われる。また、大学全体がその機能の一つとして掲げている「人材育成の視点」の第一項目として「しっかりとした教員養成」が掲げられていることも、教員養成にもとづく内的統合をもたらす要因となっているように思われる。ただし、あくまでも「教員養成」という機能にもとづく内的統合であって、教育研究院においては「教員養成」は学問分野にもとづく「学系」とは別の「教員養成部門」として位置づけられている他、「教育」は人文社会学系の「教育・芸術」領域として位置づけられているにとどまっている。その意味では、教員養成は依然として機能として捉えられ、一つの領域（学）とは位置づいてはいないのが現状である。しかしながら、附属教育実践総合センターの改組や小学校コース運営室の設置など、全教員が所属講座の枠組みを越えて何らかの形で教員養成に関わる体制が整備されてきており、そうした社会関係的基盤のうえに、領域学として《教員養成学》が展開していく可能性はあるように思われる。

一方で、教員養成は大学全体が掲げる「人材育成」という機能の一つとして位置づけられていたように、外部の実践的領域からの要請を強く意識せざるえない状況にある。実際、「ミッションの再定義」を通じて、「弘前大学の教員養成分野は、青森県教育委員会等との連携により、地域密接型を目指す大学として、義務教育諸学校に関する地域の教員養成機能の中心的役割を担うとともに、青森県における教育研究や社会貢献活動等を通じて我が国の教育の発展・向上に寄与することを基本的な目標とし、実践型教員養成機能への質的転換を図るものとする」とされ、生涯教育課程の廃止（教員養成への特化）、教職大学院の設置、地域連携機能の強化（県の教育課題に対応した教員養成科目の実施と教員研修の実施）などの改革がなされてきた。これらの改革は、これまで述べてきた効果主義的専門職性への再編、専門職業大学化への転換といった改革動向と軌を一にするものといえ、外部の実践的領域からの要請への対応を大学に求める動きはより強まっていくように思われる。しかしながら、楽観は決して許されないものの、国家的公共性による教師教育をめぐる言説と実践とが全面的展開する訳ではなく、そこから相対的に自律した言説と実践とが展開する可能性は閉ざされていないように思われる。少なくとも、現在の日本においては依然として「大学における教員養成」が原則となっており、また教員研修についてもこれまで以上に大学が関与することが求められてきている。確かに、大学とそのスタッフに対して国家的公共性によって示された教育課題に効果的・効率的に対応していくことが求められてきているものの、その目的・内容・方法のあり方については大学担当者の裁量に委ねられている部分が少なくなく、研究的視点が持つ新たな物の見方や考え方、ことがらに対する批判的姿勢などが伝達／獲得される可能性は残されているといえる。また専門職大学化が目指されているとしても、例えば教職大学院の実務家教員に対しても、課程認定においては当該科目に関する研究業績を有することが求められているように、少なくとも研究的視点が軽視されている訳ではない。さらに校内研修や教員研修等を介して大学と学校・教育委員会との協働が進む中で、これまで教育研究や民間教育研究などにおいて蓄積された研究的視点にもとづく言説と実践とが展開し、大学を拠点とした研究的視点にもとづくネットワークが形成される可能性も有している（久冨、二〇〇八)。こうしたネットワークをいかに構築していくかを理論的・実践的に追究していくことは、今後の《教員養成学》が追究すべきテーマの一つといえよう。

③効果検証

効果検証の問題は、これまで述べてきたカリキュラムと組織との結節点として位置づくものである。すなわち、教員養成カリキュラムはいかなる教員を育てているのか、またそれは外的実践領域における要請にいかに応えているのかということに関わっている。ただし、逆にいえば、教員養成カリキュラムを通じて養成された教員が、外的実践領域においていかなる経験をし、ひいてはいかなる教員としてのアイデンティティを形成してきているのかという問題とも関わっている。加えて、こうした効果検証という営みそのものが、教員養成をおこなう教員養成大学・学部における自律性といかなる意味で関わるのかという問題とも関わっている。

効果検証に関わって、まず指摘しておきたいことは、教員の専門性基準に関することである。教員育成指標や教職課程コアカリキュラムなど、いわば国家的公共性による教員の専門性・専門職性の再定義がおこなわれている現状を鑑みれば、大学における教員養成として相対的自律性を確保するためには自前の専門性基準を考えていく必要がある。一般的スキル・モードが教師教育における支配的な言説となるとすれば、その時々に教職に求められるパフォーマンスに必要な基本要目が「コンピテンス」として示され、そうした変化に柔軟に対応すべく「訓練可能性」の発達が目指されることとなる。その問題点は、すでに述べたように、実際の教職が抱える困難、あるいは知識基盤社会における教職が抱える困難といった実際の労働に内在する困難に対する理解を欠くなかで、教員に求められる資質能力が定義されることにある。そうではなく、教職が抱える本来的困難性と今日的困難性とを踏まえた専門職基準を考えていく必要があると考える。そうした試みは、すでに佐藤（二〇一五）や武田ら（二〇一六）などにみられるが、それらを参考にしつつ、弘前大学が目指してきた教員像と教員養成カリキュラムに即した基準を考案していく必要がある。

教員養成の効果検証およびその方法論の研究は、《教員養成学》の重要な研究課題とされ、これまで学生に対する質問紙調査を中心としたモノグラフを積み上げてきた。また近年では、県内公立学校教員採用者に対する卒業時・卒後一年後におけるＰＡＣ（Personal Attitude Construct）分析や質問紙調査の自由記述に対するテキスト分析も手掛けてきた。さらに直近ではＩＲ（Institutional Research）の整備にも着手してきている。ただし、ここでは個々の成果や取り組みについて紹介することは避け、効果検証およびその方法論の研究そのものの意義について考えたい。本報告書においては、客観的な根拠（エビデンス）にもとづく質保証・評価の目的は、自らの教育活動の成果や実効性を示し、広く社会に自らの役割存在意義が明確に理解されることとしている。そこでは、国家的公共性にもとづく課題設定への効果的・効率的対応の成否を客観的な根拠とし、そうした課題に効果的・効率的に対応する大学の教育活動と、そうした対応を可能にする手法に関する研究活動とを求める技術合理主義的見方が前提とされている。しかしながら、そもそも国家的公共性にもとづく課題設定がよりよい教員養成に資するものであるかは定かではなく、また仮に課題設定が正しいとしてもそうした効果的・効率的な教育活動がよりよい教員養成に資するとは限らず、さらにそうした手法が開発されたとしても実際に効果的・効率的な対応となるのかどうかも定かではない。教員養成という実践は、他の教育実践同様、その目的・方法・結果（効果）全てにおいて不確定性を有している以上、研究は「何がうまくいくのか」という技術的問いだけでなく、「何がよい教育を構成するのかについての問いへの批判的な探究」（ビースタ、二〇一六、七四頁）という規範的・教育的・政治的問いとも関わっている。したがって、教育研究は「教育的行為のさまざまな方法を発見し、吟味し、評価する」という技術的役割と同時に、「実践者に彼らの実践を違うように見せたり想像させたりする」（同上、六九頁）という文化的役割をもっている。この文化的役割は、「問題の定義についての、そして我々の教育的努力のねらいや目標についての、開かれた、情報提供された上での議論によって特徴づけられる」（同上、七一頁）民主的な社会にとって重要なものである。もし、効果検証が教員養成という実践に対する研究的視点にもとづく反省的行為であるとするならば、自らの教育活動の効果性・効率性を明らかにし、さらなる効果的・効率的な活動に向けた改善に資することのみにその役割を限定するのではなく、教育活動をめぐる現実の新たな理解や教育活動が前提としている理念・目的の見直しをもたらす役割を持っていることを自覚すべきである。このことは、教師教育改革や国立教員養成大学・学部改革の渦中において、学部として「大学における教員養成」を自律的に行っていくうえで重要であるだけでなく、「何がよりよい教員養成・教師教育なのか」を学部内外の様々な人々との協働のもとに追究していくうえでも重要と考える。

おわりに

これまで本答申と本報告書の批判的検討を踏まえて、《教員養成学》の今後の方向性について考察してきた。ただし、それらの方向性は、いずれも「大学における教員養成に『責任』を負うとの自覚」を最も基本的な理念として提唱された《教員養成学》においてすでに示されていたもので、あらためてその重要性を指摘したものに過ぎないかもしれない。しかしながら、構想当初においては「大学における教員養成」に力点が置かれていたとすれば、本章はむしろ「大学における教員養成」を強調するものとなっている。それは、国立教員養成大学・学部における研究と教育とが国家的公共性にもとづき定義された課題への効果的・効率的対応へと収斂されかねない状況において、「学問の自由」にもとづき研究・教育をおこなう「大学」が果たす役割をあらためて確認する必要があると考えるからである。

教育という実践そのものが不確定性の高い営みであるが、複雑性・流動性の高い知識基盤社会においてはその不確定性はさらに高まっていくことが予想される。本答申と本報告書は、そうした不確定性に対応するための技術的合理主義的知識・技能の研究とそれにもとづく教員養成・教師教育をおこなう場として大学を位置づけているように思われる。しかしながら、不確定性は教育という実践にとって不可避なものであり、また学習者一人一人の学習権・幸福追求権に「応答」していくうえでは不可欠なものでさえある。したがって、何をどのようにという内容・方法にのみならず、何のためにといった目的そのもの、あるいは何が問題なのかをめぐる理解と判断を支える研究・教育の場として大学を位置づける必要がある。すなわち、教育という実践を反省的・批判的に、またより広い社会的視点から研究し、そうした研究基盤性にもとづき教員養成・教員研修をおこなう場として大学を位置づける必要がある。そのことは、知識基盤社会と呼ばれる社会において、教育の目的も内容も方法もより一層不確実なものとなっていくなかで、日々の教育実践において直面する課題に「応答」していくためにも必要なことと考える。加えて、二〇一六年一二月の中教審答申が謳う教育実践を通じて「一人一人の子供たちが、自分の価値を認識するとともに、相手の価値を尊重し、多様な人々と協働しながら様々な社会的変化を乗り越え、よりよい人生とよりよい社会を築いていくため」にも重要であり、こうした教育実践のあり方を研究基盤性をもとに探究していく「学び続ける教員」を「大学における教員養成」を通じて育て・支えていく必要がある。

《教員養成学》が抱える課題は、理論面でも実践面でも、またそれを可能にする組織面においても山積しているが、教育という実践に対する反省性・批判性をもたらす知識とそうした反省性・批判性にもとづくネットワークを、学内外の人々（ひいては教育に関わるすべての人々）と協働して探究していくことが、《教員養成学》の今後の課題であると考える。

本研究はＪＳＰＳ科研費JP16K04449の助成にもとづくものである。

注

1　本報告書は、他にも、教員採用に関する改革、新たな教育課題に対応した教員研修・養成、教員免許制度に関する改革についても言及しているが、ここでは割愛する。

2　初任者研修の改革と一〇年経験者研修の改革とについては、ここでは取り上げないこととする。

3　このことを受けて、二〇一七年一一月に教職課程コアカリキュラムの在り方に関する検討会から「教職課程コアカリキュラム」が出されている。

4　なお、国による策定指針は、二〇一六年三月三一日の文部科学省告示第五五号において示されたが、その内容は下記のとおりである。

（1）教職を担うに当たり必要となる素養に関する事項（倫理観、使命感、責任感、教育的愛情、総合的な人間性、コミュニケーション力、想像力、自ら学び続ける意欲及び研究能力を含む）

（2）教育課程の編成、教育又は保育の方法及び技術に関する事項（各学校の特色を生かしたカリキュラム・マネジメントの実施、主体的・対話的で深い学びの実現に向けた授業改善、情報機器及び教材の活用に関する事項を含む。）

（3）学級経営、ガイダンス及びカウンセリングに関する事項

（4）幼児、児童及び生徒に対する理解、生徒指導、教育相談、進路指導及びキャリア教育等に関する事項（いじめ等児童生徒の問題行動への対応、不登校児童生徒への支援、情報モラルについての理解に関する事項を含む。）

（5）特別な配慮を必要とする幼児、児童及び生徒への指導に関する事項（障害のある幼児、児童及び生徒等への指導

に関する事項を含む。)
(6)学校運営に関する事項(学校安全への対応、家庭や地域社会、関係機関との連携および学校間の連携に関する事項を含む。)
(7)他の教職員との連携および協働のあり方に関する事項(若手教員の育成に係る連携および協働に関する事項を含む。)

5 実際、二〇一九年度入学者以降の課程認定においては、各教職科目のシラバスと教職コアカリキュラムとの対応表の提出が求められた。

6 本章では、ウィッティー(二〇〇四)の枠組みにもとづき、「専門性(professionality)」を「ある仕事やその仕事内容の専門的性格を指すもの」、「専門職性(professionalism)」を「その仕事の専門的な性格が、社会の中でどのように捉えられ、認識され、また確立するかというような、ことがらの〈社会的側面〉を指す」(久冨、二〇〇八、二八頁)ものとして用いている。

7 文部科学省総合教育政策局人材政策課教員養成企画室(前・高等教育局大学振興課教員養成企画室)は、これまで二度にわたり、各国立教員養成大学・学部に対して、本報告書に係る取り組み状況、成果、及び今後の方向性を確認するためのフォーマットの提出を依頼し、それにもとづき「国立教員養成大学・学部、大学院、附属学校の改革に関する取組状況について　~グッドプラクティスの共有と発信に向けた事例集」を発行している。

8 バーンスティンは〈教育(pedagogy)〉のモデルとして、伝達/獲得すべき知識等の区分(分類)も学習のプロセスに対する統制(枠づけ)も弱く学習者の潜在的能力(competence)の発揮を指向するコンペタンス・モデルと、分類も枠づけも強く学習者の知識(達成)を強く指向するパフォーマンス・モデルとを挙げ、後者の下位類型として「個別学モード」「領域学モード」「一般的スキル・モード」の三つを挙げている。なお、バーンスティンの理論的枠組みを用いる際、本田(二〇一二)と山田(二〇一六)とを参照した。

9 これらの資質能力は、変化の激しい社会を生き抜いていける人材の育成していくために教員自身も身に付けるべきものとされていることからすれば、平成二九・三〇年度改訂学習指導要領で目指されている子どもたちに育成すべき「これからの時代に求められる資質・能力」それ自体が、一般的スキル・モードを指向しているように思われる。このことについての指摘は、山田（二〇一六）、石井（二〇一六）を参照されたい。
10 本節の《教員養成学》の方向性についての主張は、弘前大学教育学部および同附属教員養成学研究開発センターの共通見解ではなく、あくまでも筆者個人の見解である。
11 《教員養成学》を領域学として位置づけるべきかについては、あらためて検討したい。ただし、個別学モードから領域学モードへの転換が政策としても示されており、また現段階における国立教員養成大学・学部においても個別学モードが支配的であることを考慮すると、同じパフォーマンス・モデルに属する領域学モードへの転換の方が、パフォーマンス・モードと対立するコンペンタンス・モデルへの転換を図るよりも、現時点では実行可能性が高いように思われる。

文献

石井英真（二〇一六）「資質・能力ベースのカリキュラムの危険性と可能性」『カリキュラム研究』第二五号、八三―八九頁。

遠藤孝夫（二〇〇七）「『教員養成学』の『学』としての独自性と可能性」遠藤孝夫・福島裕敏（編）『《教員養成学》の誕生』東信堂、四二―六四頁。

岡本洋三（一九九七）『開放制教員養成制度論』大空社。

海後宗臣・林三平・寺崎昌男・山田昇（一九七一）『教員養成（戦後日本の教育改革８）』東京大学出版会。

久冨善之（編）（二〇〇八）『教師の専門性とアイデンティティ』勁草書房。

小玉重夫（二〇一三）『学力幻想』ちくま新書。

小瑶史朗・高瀬雅弘・篠塚明彦・小岩直人・後藤雄二・宮﨑秀一（二〇一七）「教科教育と教科専門を架橋する教育実習体制の構築―弘前大学教育学部社会科教育講座における教員養成の試み―」『弘前大学教育学部紀要』第一一八号、三一―四〇頁。

髙野貴大（二〇一八）「現代の教職理論における『省察（reflection）』概念の批判的考察―ザイクナーとリストンによる「省察的教育実践」論を手がかりに―」『日本教師教育学会年報』第二七号、九八―一〇八頁。

佐藤学（二〇一五）『専門家としての教師を育てる』岩波書店。

佐藤学（二〇一六）「転換期の教師教育改革における危機と解決への展望」『日本教師教育学会年報』第二五号、八―一五頁。

武田信子・金井香里・横須賀聡子（二〇一六）『教員のためのリフレクション・ワークブック』学事出版。

東京学芸大学教員養成評価開発研究プロジェクト（二〇一七）『教員養成教育認定評価ハンドブック』(http://www.u-gakugei.ac.jp/~jastepro/html/project/pdf/handbook/handbook_02.pdf 二〇一八年一二月二一日採取)。

福島裕敏（二〇一八）「弘前大学の場合〈特集〉教育学部の30年」『日本教師教育学会年報』第二七号、六六―七四頁。

船寄俊雄（二〇〇九）「『大学における教員養成』原則と教育学部の課題」『教育学研究』第七六巻第二号、二一七―二三七頁。

本田伊克（二〇一二）「教育の知識論的・文化階層論的基盤―「教育社会学的教育学改」序説―」『宮城教育大学紀要』四七、二七七―二九四頁。

光本滋（二〇一八）「最近30年の高等教育政策の批判的検討」『日本教師教育学会年報』第二七号、七五―八四頁。

山田哲也（二〇一六）「ＰＩＳＡ型学力は日本の学校教育にいかなるインパクトを与えたか」『教育社会学研究』九八、五―二八頁。

横須賀薫（二〇〇六）『教員養成―これまでこれから―』ジアース社。

横須賀薫（二〇一〇）『新版　教師養成教育の探究』春風社。

バーンスティン、B.（二〇〇〇）久冨・長谷川・山﨑・小玉・小澤訳『〈教育〉の社会学理論』法政大学出版局（Bernstein, B. (1996) *Pedagogy, Symbolic Control and Identity*, Taylor & Francis)。

ビースタ、G.（二〇一六）藤井・玉木訳『よい教育とはなにか』白澤社（Biesta, G.J.J. (2010). *Good Education in an Age of Measurement*, Paradigm Publishers)。

ハーグリーブス、A.（二〇一五）木村・篠原・秋田訳『知識社会の学校と教師』金子書房（Hargreaves, A. (2003). *Teaching in the Knowledge Society*, Open University Press)。

コルトハーヘン、F.（二〇一二）武田・今泉・鈴木・山辺訳『教師教育学―理論と実践をつなぐリアリスティック・アプローチ―』学文社（Korthahen, F. (2001). *Linking Practice and Theory*, Routledge)。

ショーン、D.A.（二〇〇七）柳沢・三輪訳『省察的実践とは何か―プロフェッショナルの行為と思考―』鳳書房（Schön, D.A. (1984). *The Reflective Practitioner*, Basic Books)。

ショーン、D.A.（二〇一七）柳沢・村田訳『省察的実践者の教育』鳳書房（Schön, D.A. (1990). *Educating the Reflective*

Practitioner:Jossey-Bass)。

ウィッティー、G.（二〇〇四）堀尾・久冨監訳『教育改革の社会学』東京大学出版会（Whitty, G. (2002). *Making Sense of Education Policy*, SAGE Publications Ltd)。

あとがき

本書の刊行には、二〇一八年三月三一日をもって定年を迎えられた、弘前大学教育学部・大坪正一教授（教育社会学）のご退職を記念する意味が込められております。

大坪先生は、東北大学大学院博士課程後期を単位取得退学後、一九八七年四月に弘前大学教育学部に着任されました。以来三一年という長きにわたり、教育学、特に教育社会学・社会教育分野で研究・教育に尽力されてきました。また、大学運営では教育研究評議員、生涯学習教育研究センター運営委員などを、学部運営では基本構想会議委員、人事調整委員などをそれぞれ歴任され、大学・学部運営にも貢献されてきました。さらに青森県のみならず北東北の社会教育の振興や市民運動などにも寄与してこられました。

大坪先生が弘前大学教育学部にて教鞭をとり、研究活動を行われた三一年間は、大学のあり方が大きく転換する激動の時代でした。経済におけるグローバル競争が本格化する中で、日本においても市場主義・競争主義を基調とする新自由主義的改革が進められてきました。教育においても、臨時教育審議会以降、今日に至るまで、検証なきままに間断なく教育改革がおこなわれてきています。国立大学をめぐっては、大学設置基準の大綱化、大学院の重点化、自己点検評価、国立大学の法人化などが推し進められ、特に近年では「国立大学改革プラン」の下、機能強化やガバナンス改革の必要性が叫ばれ、運営費交付金の評価に基づく運営費交付金の傾斜配分などが導入されています。国立教員養成大学・学部に対しても、あらためて入学定員の削減や再編・統合の必要性が提起され、その機能強化と効率化とが強く求められています。こうした流れの中、大坪先生は、大学・学部運営について常に危機感を抱かれ、言うべき時には大学本部に対して率直な意見を述べられてきました。また改革のスピードが加速する中で、様々な難題が学部に降りかかる中で、常にことがらの本質を見極め的確な助言をされてきました。こうした姿勢に深く敬意を表するとともに、残された私たちが引き継ぐべきものと思っております。

本書を執筆したメンバーは、大坪先生の薫陶を受けながら、地方国立大学である弘前大学において教育学の諸分野を担当し、学生に対して教育問題や教育改革のあり方を講義し、学生とともに考えてきました。具体的には、弘前大学教育学部学校教育講座教育科学専修における必修科目である「教育科学演習」を担当していたほか、教養教育である「21世紀教育科目」において「教育学の基礎」の講義を開講し、教育学部以外の学生への教育にも関わっていました。これまでも、その時々の日本の教育課題について、『変革時代の教育を探る』（小澤熹、佐藤三三、村山正明編著、東信堂、二〇〇三）、『学校・教員と地域社会』（大坪正一、平田淳、福島裕敏編著、東信堂、二〇一二）などの著書を、教育科学教室が中心となって発信してきました。今回は、大坪先生がご在職の間、職務をともにされた遠藤孝夫先生と平田淳先生、また運営委員を長く務めてこられた本学生涯学習教育研究センターの深作拓郎先生にも執筆に参加していただきました。矢継ぎ早に教育改革の波が押し寄せる中で、あらためて教育のあり方について問い直し、現代における教育や教員養成をめぐる課題に応えるべく、本書が多少なりとも貢献できれば幸いだと思っております。

大坪先生が退職される直前の二〇一八年二月に弘前大学教育学部長、弘前大学学長、青森中央学院大学学長を歴任された牧野吉五郎先生が、また二〇一九年二月には弘前大学教育学部長、東北女子大学学長を務められた小澤熹先生が他界されました。当初の予定よりも大幅に遅れたため、お二人の先生にお読みいただくことができなかったことを残念に思うとともに、関係の方々に多大なるご迷惑をおかけしたことをこの場を借りて深くお詫び申し上げます。

最後に、出版をご快諾くださった東信堂社長・下田勝司氏に心より御礼申し上げます。

二〇一九年六月

弘前大学教育学部教育学科教室
編著者一同
福島裕敏
松本　大
森本洋介

人名索引

【タ行】

【ハ行】

【マ行】

【ヤ行】

【ラ行】

事項索引

○ 松本　大（第５章）
弘前大学教育学部准教授
東北大学大学院教育学研究科博士課程後期修了、博士（教育学）
主な著書・論文
『対人支援職者の専門性と学びの空間ー看護・福祉・教育職の実践コミュニティー』（共著）創風社、2015年
「社会教育実践分析のアポリアー『政治化』という観点ー」日本社会教育学会編『社会教育研究における方法論（日本の社会教育第60集）』（単著）東洋館出版社、2016年
『成人教育の社会学ーパワー・アート・ライフコースー』（共著）東信堂、2017年
「地域社会における若者支援活動の生成と学び」『弘前大学教育学部紀要』第119号（共著）2018年

○ 森本洋介（第６章）
弘前大学教育学部准教授
京都大学大学院教育学研究科博士課程修了、博士（教育学）
主な著書・論文
『メディア・リテラシー教育における「批判的」な思考力の育成』（単著）東信堂、2014年
2014 YEARBOOK: Media and Information Literacy and Intercultural Dialogue.（共著）Sweden: International Clearinghouse on Children, Youth and Media.
森本洋介「動画リテラシーの獲得をどのように評価するか：メディア・リテラシーの観点から」『教育目標・評価学会紀要』第25号、2015年、57-66頁
『比較教育学原論』（共著）協同出版、2019年

○ 福島裕敏（第７章）
弘前大学教育学部教授
一橋大学大学院社会学研究科博士後期課程単位取得退学、修士（社会学）
主な著書・論文
『教員養成学の誕生』（編著者）、東信堂、2007年
『学校・教員と地域社会』（編著者）東信堂、2012年
『教師の責任と教職倫理』（編著者）勁草書房、2018年
『教育社会学（第2版）』（共著）学文社、2019年
『教職原論（未来の教育を創る教職教養指針）』（共著）学文社、2019年

執筆者紹介　○編者

大坪正一（第１章）

昭和52年3月　東北大学大学院教育学研究科教育学専攻博士課程前期修了、修士（教育学）
昭和58年3月　東北大学大学院博士課程後期単位取得退学
昭和62年4月　弘前大学教育学部講師
平成元年4月　同　助教授
平成12年4月　同　教授
平成30年5月　弘前大学名誉教授

主な著書・論文

『地域と教育』（共編書）国土社、1988年
『地域形成の思想』（共編書）アーバンプロ出版、2007年
『環境・地域・エネルギーと原子力開発』（共編書）弘前大学出版会、2013年

遠藤孝夫（第２章）

岩手大学教育学部教授
東北大学大学院教育学研究科博士課程単位取得退学、博士（教育学）

主な著書・論文

『近代ドイツ公教育体制の再編過程』（単著）創文社、1996年
『管理から自律へ　戦後ドイツの学校改革』（単著）勁草書房、2004年
『新訂版　シュタイナー教育』（翻訳書）イザラ書房、2015年
『「主体的・対話的で深い学び」の理論と実践』（編著）東信堂、2019年

平田　淳（第３章）

佐賀大学大学院学校教育学研究科（教職大学院）教授
Completion of Ph.D. Program, Ontario Institute for Studies in Education of the University of Toronto (OISE/UT), Doctor of Philosophy

主な著書・論文

『21世紀にはばたくカナダの教育』カナダの教育2（共著）東信堂、2003年
『教育改革の国際比較』（共著）ミネルヴァ書房、2007年
『「学校協議会」の教育効果に関する研究―「開かれた学校づくり」のエスノグラフィー―』（単著）東信堂、2007年
『学校・教員と地域社会』（共著）東信堂、2012年
『教育行政学（改訂新版）』（共著）学文社、2015年

深作拓郎（第４章）

弘前大学生涯学習教育研究センター講師
茨城大学大学院教育学研究科修士課程、修士（教育学）

主な著書・論文

『なぜ、今「子育ち支援」なのか―子どもと大人が育ちあうしくみと空間づくり』（共著）学文社、2008年
『地域で遊ぶ、地域で育つ子どもたち―遊びから「子育ち支援」を考える』（共著）学文社、2012年
『社会とかかわって学ぶ―大学生が取り組んだ世代性と市民性のサービス・ラーニング実践』（共著）弘前大学出版会、2018年
『大学生が本気で考える子どもの放課後―弘前大学生の地域参加とプレイワーク実践』（共著）学文社、2018年

教育のあり方を問い直す―学校教育と社会教育　〔検印省略〕

2019年10月10日　初　版　第1刷発行　＊定価はカバーに表示してあります。

編者 © 福島裕敏、松本 大、森本洋介　発行者 下田勝司　印刷・製本／中央精版印刷株式会社

東京都文京区向丘 1-20-6　郵便振替 00110-6-37828　発行所

〒 113-0023　TEL 03-3818-5521 (代)　FAX 03-3818-5514　株式会社 東信堂

Published by TOSHINDO PUBLISHING CO., LTD.

1-20-6, Mukougaoka, Bunkyo-ku, Tokyo, 113-0023 Japan

E-Mail：tk203444@fsinet.or.jp　http://www.toshindo-pub.com

ISBN978-4-7989-1583-8　C3037

東信堂

PISA調査の解剖―能力評価・調査のモデル　袰岩晶・篠原真子・篠原康正 著　三五〇〇円
大学の組織とガバナンス―高等教育研究論集第1巻　羽田貴史 著　三五〇〇円
検証　国立大学法人化と大学の責任―その制定過程と大学自立への構想　田中弘允・佐藤博明・田原博人 著　三七〇〇円
文部科学省の解剖　青木栄一編著　三二〇〇円
国立大学職員の人事システム―管理職への昇進と能力開発　渡辺恵子　四二〇〇円
国立大学法人の形成　大﨑仁　二六〇〇円
国立大学・法人化の行方―自立と格差のはざまで　天野郁夫　三六〇〇円
教育と比較の眼　江原武一　二六〇〇円
大学は社会の希望か―大学改革の実態からその先を読む　江原武一　二〇〇〇円
大学の管理運営改革―日本の行方と諸外国の動向　江原武一・杉本均 編著　三六〇〇円
大学経営・政策入門　東京大学　大学経営・政策コース編　二四〇〇円
大学経営とマネジメント　新藤豊久　二五〇〇円
大学戦略経営の核心　篠田道夫　三六〇〇円
戦略経営111大学事例集　篠田道夫　三六〇〇円
大学戦略経営論　篠田道夫　三四〇〇円
2040年　大学よ甦れ―カギは自主的改革と創造的連携にある　田中弘允・佐藤博明・田原博人 著　二四〇〇円
カレッジ(アン)バウンド―米国高等教育の現状と近未来のパノラマ　J・J・セリンゴ著　船守美穂訳　三四〇〇円
米国高等教育の拡大する個人寄付　福井文威　三六〇〇円
大学の財政と経営　丸山文裕　三二〇〇円
私立大学の経営と拡大・再編―一九八〇年代後半以降の動態　両角亜希子　四二〇〇円
大学教学マネジメントの自律的構築―主体的学びへの大学創造二〇年史　関西国際大学編　二八〇〇円
学修成果への挑戦―地方大学からの教育改革　濱名篤　二四〇〇円
大学におけるライティング支援―どのように〈書く力〉を伸ばすか　関西大学ライティングラボ・津田塾大学ライティングセンター 編　二四〇〇円
グローバルに問われる日本の大学教育成果　加藤真紀・喜始照宣 著　二八〇〇円
国際共修：文化的多様性を生かした授業実践へのアプローチ　末松和子・秋庭裕子・米澤由香子 編著　三四〇〇円
長期学外学修のデザインと実践―学生をアクティブにする　澤邉潤・木村裕斗・松井克浩 編著　三二〇〇円
大学再生への具体像―大学とは何か【第二版】　潮木守一　二四〇〇円
リベラル・アーツの源泉を訪ねて　絹川正吉　三二〇〇円
「大学の死」、そして復活　絹川正吉　二八〇〇円

〒113-0023　東京都文京区向丘 1-20-6
TEL 03-3818-5521　FAX03-3818-5514　振替 00110-6-37828
Email tk203444@fsinet.or.jp　URL:http://www.toshindo-pub.com/
※定価：表示価格（本体）＋税

東信堂

東京帝国大学の真実—日本近代大学形成の検証と洞察	舘　昭	四六〇〇円
大学史をつくる—沿革史編纂必携	寺﨑昌男・別府昭郎・中野実 編著	五〇〇〇円
国立大学・法人化の行方—自立と格差のはざまで	天野郁夫	三六〇〇円
転換期を読み解く—潮木守一時評・書評集	潮木守一	二六〇〇円
大学再生への具体像〔第2版〕	潮木守一	二四〇〇円
フンボルト理念の終焉？—現代大学の新次元	潮木守一	二五〇〇円
新版 昭和教育史—天皇制と教育の史的展開	久保義三	一八〇〇〇円
近代日本の英語科教育史—職業系諸学校による英語教育の大衆化過程	江利川春雄	三八〇〇円
文字と音声の比較教育文化史研究	添田晴雄	四八〇〇円
空間と時間の教育史—アメリカの学校建築と授業時間割からみる	宮本健市郎	三九〇〇円
アメリカ進歩主義教授理論の形成過程—教育における個性尊重は何を意味してきたか	宮本健市郎	七〇〇〇円
大正新教育の受容史	橋本美保編著	三七〇〇円
大正新教育の思想—生命の躍動	橋本美保・田中智志 編著	四八〇〇円
人格形成概念の誕生—近代アメリカの教育概念史	田中智志	三六〇〇円
社会性概念の構築—アメリカ進歩主義教育の概念史	田中智志	三八〇〇円
グローバルな学びへ—協同と刷新の教育	田中智志編著	二〇〇〇円
学びを支える活動へ—存在論の深みから	田中智志編著	二〇〇〇円
アメリカ　間違いがまかり通っている時代—公立学校の企業型改革への批判と解決法	D・ラヴィッチ著 末藤美津子訳	三八〇〇円
教育による社会的正義の実現—アメリカの挑戦（1945-1980）	D・ラヴィッチ著 末藤美津子訳	五六〇〇円
学校改革抗争の100年—20世紀アメリカ教育史	D・ラヴィッチ著 末藤・宮本・佐藤訳	六四〇〇円
日本の教育史を学ぶ	佐藤環監修 田中卓也編著	二六〇〇円
子どもが生きられる空間—生・経験・意味生成	高橋　勝	二四〇〇円
流動する生の自己生成—教育人間学の視界	高橋　勝	二四〇〇円
子ども・若者の自己形成空間—教育人間学の視線から	高橋勝 編著	二七〇〇円
文化変容のなかの子ども—経験・他者・関係性	高橋　勝	二三〇〇円

〒113-0023　東京都文京区向丘 1-20-6　TEL 03-3818-5521　FAX03-3818-5514　振替 00110-6-37828
Email tk203444@fsinet.or.jp　URL:http://www.toshindo-pub.com/

※定価：表示価格（本体）＋税

東信堂

多様性と向きあうカナダの学校—移民社会が目指す教育	児玉奈々	二八〇〇円
カナダの女性政策と大学	犬塚典子	三九〇〇円
多様社会カナダの「国語」教育（カナダの教育3）	関口礼子・浪田克之介編著	三八〇〇円
21世紀にはばたくカナダの教育（カナダの教育2）	小林順子他編著	二八〇〇円
ケベック州の教育（カナダの教育1）	小林順子	二〇〇〇円
トランスナショナル高等教育の国際比較—留学概念の転換	杉本均編著	三六〇〇円
チュートリアルの伝播と変容—イギリスからオーストラリアの大学へ	竹腰千絵	二八〇〇円
[新版]オーストラリア・ニュージーランドの教育—グローバル社会を生き抜く力の育成に向けて	青木麻衣子・佐藤博志編著	二〇〇〇円
戦後オーストラリアの高等教育改革研究	杉本和弘	五八〇〇円
オーストラリアのグローバル教育の理論と実践—開発教育研究の継承と新たな展開	木村裕	三六〇〇円
オーストラリアの教員養成とグローバリズム—多様性と公平性の保証に向けて	本柳とみ子	三六〇〇円
オーストラリア学校経営改革の研究—自律的学校経営とアカウンタビリティ	佐藤博志	三八〇〇円
オーストラリアの言語教育政策—多文化主義における「多様性」と「統一性」の揺らぎと共存	青木麻衣子	三八〇〇円
英国の教育	日英教育学会編	三四〇〇円
イギリスの大学—対位線の転移による質的転換	秦由美子	五八〇〇円
イングランドのシティズンシップ教育政策の展開—カリキュラム改革にみる国民意識の形成に着目して	菊地かおり	三二〇〇円
統一ドイツ教育の多様性と質保証—日本への示唆	坂野慎二	二八〇〇円
ドイツ統一・EU統合とグローバリズム—教育の視点からみたその軌跡と課題	木戸裕	六〇〇〇円
教育における国家原理と市場原理—チリ現代教育史に関する研究	斉藤泰雄	三八〇〇円
中央アジアの教育とグローバリズム	嶺井明子・川野辺敏編著	三二〇〇円
インドの無認可学校研究—公教育を支える「影の制度」	小原優貴	三二〇〇円
タイの人権教育政策の理論と実践—人権と伝統的多様な文化との関係	馬場智子	二八〇〇円
バングラデシュ農村の初等教育制度受容	日下部達哉	三六〇〇円
マレーシア青年期女性の進路形成	鴨川明子	四七〇〇円

〒113-0023　東京都文京区向丘 1-20-6　TEL 03-3818-5521　FAX03-3818-5514　振替 00110-6-37828
Email tk203444@fsinet.or.jp　URL:http://www.toshindo-pub.com/

※定価：表示価格（本体）＋税